Durchstarten zum Traumjob
Das Workbook

Dieses Workbook ist als eigenständiges Arbeitsbuch zur Berufsorientierung konzipiert. Es kann aber auch wunderbar als Ergänzung zu dem Buch *Durchstarten zum Traumjob* von Richard Nelson Bolles herangezogen werden.

Die hier verwendete »Blume« mag Kenner der Materie überraschen. Da Richard N. Bolles diese Blume häufig verändert, tritt sie hier in unterschiedlichen Versionen an die Öffentlichkeit.

Richard Nelson Bolles ist Buchautor und einer der weltweit führenden und einflussreichsten Experten im Bereich Karriere- und Lebensplanung. Im Campus Verlag erscheint von ihm der Weltbestseller *Durchstarten zum Traumjob*.

RICHARD NELSON BOLLES

DURCHSTARTEN ZUM TRAUMJOB DAS WORKBOOK

AUS DEM ENGLISCHEN ÜBERSETZT,
FÜR DIE DEUTSCHE AUSGABE BEARBEITET
VON NICOLE HÖLSKEN

CAMPUS VERLAG
FRANKFURT/NEW YORK

Die amerikanische Originalausgabe erschien unter dem Titel *What Color Is Your Parachute? Job-Hunter's Workbook.*

Copyright © © 1998, 2005, 2010, 2012 by Richard Nelson Bolles.

This translation is published by arrangement with Ten Speed Press, an imprint of The Crown Publishing Group, a division of Random House, Inc.

Dieses Werk wurde vermittelt durch die Literarische Agentur Thomas Schlück GmbH, 39827 Garbsen.

ISBN 978-3-593-39111-3

4., überarbeitete Auflage 2014

Das Werk einschließlich aller seiner Teile ist urheberrechtlich geschützt. Jede Verwertung ist ohne Zustimmung des Verlags unzulässig. Das gilt insbesondere für Vervielfältigungen, Übersetzungen, Mikroverfilmungen und die Einspeicherung und Verarbeitung in elektronischen Systemen.
Copyright © 2002, 2007 und 2014. Alle deutschsprachigen Rechte bei Campus Verlag GmbH, Frankfurt am Main.
Umschlaggestaltung: Guido Klütsch, Köln
Satz: Fotosatz L. Huhn, Linsengericht
Gesetzt aus der Avenir und der Sabon
Druck und Bindung: Beltz Bad Langensalza
Printed in Germany

Dieses Buch ist auch als E-Book erschienen.
www.campus.de

Inhalt

Einleitung: Warum müssen Sie wissen, wer Sie sind? 9

Die Blumenübung 17

Blütenblatt 1
Die Dinge, die ich weiß und kann 19

Blütenblatt 2
Die Menschen, mit denen ich zusammenarbeiten möchte 29

Blütenblatt 3
Die Fähigkeiten, die mein Talent ausmachen 41

Blütenblatt 4
Die Arbeitsbedingungen, die ich mir wünsche 63

Blütenblatt 5
Position und Gehalt, die ich anstrebe 69

Blütenblatt 6
Der Ort, an dem ich leben will 75

Blütenblatt 7
Das Ziel, das ich erreichen will 83

Fertig! 91

Oft sagt man, dass dieser oder jener Mensch sich noch nicht
gefunden hat. Aber man findet sich nicht, man erschafft sich.
THOMAS SZASZ

Finde heraus, was dein Herz zum Singen bringt, und
komponiere deine eigene Musik.
MAC ANDERSON

Wenn dein Herz spricht, solltest du mitschreiben.
JUDITH CAMPBELL

Selbsterkenntnis ist der Anfang aller Weisheit.
ARISTOTELES

Einleitung:
Warum müssen Sie wissen, wer Sie sind?

Mit diesem Workbook können Sie aus vielerlei Gründen arbeiten. Folgende sind denkbar:

1. Sie versuchen aus reinem Spaß an der Freud, mehr über sich zu erfahren. Spaß? Na ja, warum sollte es keinen Spaß machen? Schließlich geht es dabei um Sie selbst: Welche Entdeckungsreise könnte faszinierender sein? Sie haben Talent, daran besteht kein Zweifel. (Jeder hat Talent, auch wenn er noch nicht weiß, wo es liegt.) Herauszufinden, wo Ihre spezifischen Gaben liegen, sollte jede Menge Spaß machen. Alles hängt von der richtigen Einstellung ab. Wer es als Pflicht betrachtet, für den ist es auch eine. Doch wer darin ein Vergnügen sieht, dem bereitet es auch ein solches.

2. Sie stehen vor einer wichtigen Entscheidung in Ihrem Leben: Sie fragen sich, was Sie studieren sollen, welchen Karriereweg Sie einschlagen sollen, wenn Sie zum ersten Mal die große, weite Arbeitswelt betreten. Oder Sie erwägen einen Berufswechsel, nachdem Sie schon eine Weile berufstätig waren, Ihre gegenwärtige Tätigkeit Sie aber zu Tode langweilt. Die Antwort auf die Frage »Wer bin ich?« zu kennen hilft Ihnen bei jeder dieser Entscheidungen ganz erheblich. Denn die Frage »Wer bin ich?« bedeutet – unter anderem –, eine Liste dessen zu machen, was Sie wissen und was Sie tun können. In den mittleren Lebensjahren können Sie einen neuen Werdegang sogar einzig und allein aus Ihren bisherigen Kenntnissen und Fertigkeiten ableiten. Sie müssen nicht unbedingt eine drei- oder vierjährige Ausbildung absolvieren. Ich spreche hier nicht von radikalen beruflichen Veränderungen wie vom Handelsvertreter zum Arzt oder vom altmodischen Lagerleiter zum CATIA-Systemarchitekten. Für derlei Veränderungen braucht man natürlich eine neue Ausbildung. Aber bevor Sie nicht wissen, wer Sie sind, wissen Sie auch nicht, was Sie brauchen oder wofür Sie sich begeistern können.

3. Sie stehen an einem kritischen Wendepunkt Ihres Lebens: Scheidung, Tod, das Ende eines langjährigen Arbeitsverhältnisses, eine Behinderung infolge eines Unfalls, einer Erkrankung oder einer Kriegsverletzung. Martin Luther King jr. sprach in diesem Zusammenhang von Brüchen im Leben. »Das Hauptproblem des Lebens«, sagte er, »besteht darin, zu lernen, wie man mit solchen verlustreichen Brüchen umgeht. Die Tür, die sich schließt, der Plan, der vereitelt wurde, die Ehe, die gescheitert ist. Oder dieses hübsche Gedicht, das nie geschrieben wurde, weil jemand an die Tür klopfte.« Er betrachtete Brüche als Gelegenheiten – und wir sollten es ihm gleichtun. Gelegenheiten, um innezuhalten. Nachzudenken. Uns darüber klarzuwerden, was wir ab sofort mit unserem Leben anfangen wollen. Es macht einen Riesenunterschied, wenn Sie sich bei

der Neu- und Umorientierung fragen: »Wer bin ich?« Vielleicht stolpern Sie dann sogar über die Antwort auf die faszinierendste Frage, die Sie sich stellen können, nämlich die nach Ihrer wahren Berufung.
4. Und zu guter Letzt machen Sie diese Bestandsaufnahme vielleicht gerade jetzt, weil Sie an irgendeinem Kurs teilnehmen und der Kursleiter beschlossen hat, dass Sie dieses Workbook durcharbeiten sollten. Mit anderen Worten: Sie hatten gar keine Wahl. Sie hatten gar kein Mitspracherecht.

Okay, nutzen Sie also die Gelegenheit. Widmen Sie diese Zeit der Suche nach einem sinnvollen Leben. Einem Leben, auf das Sie stolz sein können. Ein erfolgreiches Leben.

Träumen Sie ein wenig. Träumen Sie viel. Einer der traurigsten Sprüche auf der Welt lautet: »Sei doch mal realistisch.« Die besten Errungenschaften dieser Welt stammen wohl kaum von Realisten. Vielmehr wurden sie von Menschen ersonnen, die es wagten, ihre Wünsche genau unter die Lupe zu nehmen, und ihnen dann Flügel verliehen.

Welche Sprache benutzen wir, um zu beschreiben, wer Sie sind?

Welche Sprache benutzen wir zur Selbstbeschreibung? Ich meine damit nicht Englisch, Französisch oder Chinesisch, sondern vielmehr die *Sprachen des Lebens*. Ich unterscheide hier drei verschiedene, denn wir leben in drei Welten: in der Welt des Lernens, der Welt des Arbeitens und der Welt der Freizeit oder der Ruhe.

| Die Welt des Lernens | Die Welt des Arbeitens | Die Welt der Ruhe |

In jeder dieser Welten können wir unterschiedliche Sprachen benutzen – und tun es auch. In der Welt des Lernens beispielsweise dreht sich unsere Sprache um uns selbst als *Lernende*. In der Welt des Arbeitens befasst sie sich mit uns selbst als *Arbeitende*. Und in der Freizeit beschreibt sie uns als *Spielende*. Die erste Entscheidung, die wir also für unsere Bestandsaufnahme und eine Selbstbeschreibung treffen müssen, lautet: »In welcher Sprache wollen wir uns selbst beschreiben – in der Sprache des Lernenden, des Arbeitenden oder des Spielenden?«

In diesem Workbook und auch in meinen anderen Werken habe ich mich für die Sprache des Arbeitenden entschieden. Warum? Nun, der Zugang zur Welt des Lernens ist relativ leicht – auch wenn ein Student es schwerer hat als ein Schüler. Und auch die Welt der Freizeit ist leicht zu erschließen. Umso schwerer fällt es, sich Zugang zur Arbeitswelt zu verschaffen oder ins Arbeitsleben zurückzukehren. Dafür benötigen Sie die meiste Zeit, die besten Werkzeuge, und Sie müssen sich am gründlichsten darauf vorbereiten. Dabei hilft Ihnen dieses Workbook. Lassen Sie uns also anfangen.

Sie betreten nun eine ganz neue Welt.

Die Welt des Kartenspiels.

Halten Sie eine Schere bereit.

Auf Seite 14 erfahren Sie, warum.

Ideen	Menschen	Objekte, Maschinen
Geld	Symbole, Gleichungen	Computer, Elektronik, Spiele
Grafiken	Worte	Musik
Farbe	Licht	Klang
Raum und Räume	Wasser	Papier
Holz	Pflanzen, Bäume	Nahrung, Nutzpflanzen, Getreide
Erde, Rohstoffe, Mineralien	Tiere	Kleider

Copyright © by Richard N. Bolles. Kein Abdruck oder Verkauf ohne schriftliche Genehmigung.

Ich bin ein Mensch, der …

Zunächst sollten Sie sich von jeglicher Berufsbezeichnung frei machen. Beantworten Sie die Frage »*Wer sind Sie?*« nicht länger mit »Ich bin Bauarbeiter, Verkäufer, Designer, Schriftsteller …« Diese Bezeichnungen halten Sie in der Vergangenheit fest. Öffnen Sie sich stattdessen für die Zukunft, indem Sie auf die Frage »*Wer sind Sie?*« antworten: »*Ich bin ein Mensch, der …*«

»*Ich bin ein Mensch, der … über folgende Erfahrungen verfügt.*« »*Ich bin ein Mensch, der … besonders geschickt im Umgang mit diesem oder jenem ist.*« »*Ich bin ein Mensch, der … viel über dieses oder jenes weiß.*« »*Ich bin ein Mensch, der … auf diese oder jene Weise ungewöhnlich ist.*«

Ich bin ein Mensch, der … *Künstler ist*

Zunächst sollten Sie sich über das allgemeine, übergreifende Thema Ihrer *Arbeit* Gedanken machen. Wie würden Sie Ihre Arbeit beschreiben? Als Methode, um damit Ihr Geld zu verdienen, sicherlich. Aber es steckt noch mehr dahinter: Mit Ihrer Arbeit bringen Sie sich selbst zum Ausdruck. Vorausgesetzt, Sie hatten die Wahl bei der Entscheidung für Ihren Beruf, dann ist Ihre Arbeit **der Ausdruck Ihrer Persönlichkeit, die durch ein Medium wirkt.*** Bei einem Künstler ist das offensichtlich. Aber es trifft auch auf jeden anderen Menschen zu, der seine Arbeit selbst auswählt. In gewissem Sinne sind Sie ebenfalls ein Künstler. **Bei der Berufswahl geht es also vornehmlich darum, welches *Medium* Sie bevorzugen, um zum Ausdruck zu bringen, wer Sie sind.**

Für den Künstler kann das Medium Ölfarbe oder Leinwand sein, Drama oder Dichtkunst, Marmor oder Bühne. Für andere Menschen gibt es andere Medien, durch die sie ihre Persönlichkeit und ihre Einzigartigkeit zum Ausdruck bringen.

Unser Kartenspiel der Medien

Auf Seite 12 finden Sie 21 Medien, die hier als Kartenspiel präsentiert werden. Schneiden Sie jede einzelne Karte aus (Sie können die Seite auch kopieren und dann mit der Kopie arbeiten, dann steht auf der Rückseite nichts). Nun haben Sie 21 Einzelkarten. Legen Sie sie dann in Ihrer ganz persönlichen Reihenfolge oder Ihren persönlichen Vorlieben gemäß auf einen Tisch oder eine ebene Fläche, und zwar in einer ordentlichen vertikalen Spalte, eine nach der anderen.

Die Frage, die Sie sich bei einem Blick auf die Karten als Erstes stellen, lautet: Mit welchem Medium möchte ich am liebsten arbeiten? Diese Karte sollte ganz oben liegen. Welche folgt dann? Welche dann? Und so weiter, eine nach der anderen, bis sie alle 21 Karten angeordnet haben. Ordnen Sie immer wieder neu, verändern Sie die Reihenfolge, bis Sie zufrieden damit sind.

Schenken Sie dann den ersten fünf bis sieben Karten besondere Aufmerksamkeit. Dies sind Ihre bevorzugten Medien, durch die Sie sich selbst zum Ausdruck bringen. Das ist zumindest für den Augenblick ein erster Annäherungswert. Sie können ihn im Verlauf Ihrer Selbstfindung immer verändern oder verbessern.

Ein Beispiel: Meine ersten sieben Medien waren Ideen, Menschen, Worte, Grafiken, Musik, Elektronik und Papier – in dieser Reihenfolge. Nicht wirklich überraschend!

Ich bin ein Mensch, der ... *wie eine Blume ist*

Bevor Sie die Karten wieder auf den Stapel zurücklegen, sollten Sie sich Ihre Lieblingskarten natürlich auf jeden Fall notieren. Auf Seite 17 finden Sie die Grafik, die Sie ausfüllen sollten, um die Frage »Wer bin ich?« besser beantworten zu können. Diese Grafik bezeichnen wir als Blumendiagramm oder als Blumenübung. Tragen Sie Ihre fünf bevorzugten Medien aus

---

* Ehre, wem Ehre gebührt. Diese Idee wurde vor fast einem Jahrhundert, nämlich im Jahre 1918, von einem Ingenieur mit Namen John Mills formuliert, der bei einer Firma namens Western Electric arbeitete.

dem Kartenspiel in das Blütenblatt Nr. 1 mit dem Titel *Meine besonderen Fachkenntnisse und Interessengebiete* ein.

Ich bin ein Mensch, der ... *sieben Seiten hat*

Diese Blumenrepräsentation *Ihrer Persönlichkeit* hat sieben Blütenblätter (wir rechnen die Mitte mit), denn Sie selbst haben sieben Seiten oder sieben Möglichkeiten, sich selbst zu denken.

Sieben Möglichkeiten der Selbstbeschreibung

1. Sie können beschreiben, wer Sie sind, indem Sie sich darauf konzentrieren, was Sie wissen – und was Ihre besonderen Kenntnisse oder Interessengebiete sind, die Sie im Kopf (oder im Herzen) haben.
2. Oder Sie können beschreiben, wer Sie sind, indem Sie darlegen, mit welcher Art von Menschen Sie am liebsten zusammenarbeiten würden und/oder welcher Art von Menschen Sie am liebsten helfen oder dienen würden. Beschreiben Sie dabei die Altersstruktur, die Probleme, Handicaps, das geografische Umfeld etc.
3. Oder Sie können beschreiben, wer Sie sind, indem Sie sich fragen, was Sie können und was Ihre bevorzugten funktionalen/übertragbaren Fähigkeiten sind.
4. Sie können auch beschreiben, wer Sie sind, indem Sie auf Ihre bevorzugten Arbeitsbedingungen eingehen – drinnen oder draußen, in einer kleinen Firma/einer großen Firma, mit festen Arbeitszeiten/flexiblen Arbeitszeiten, in einem Büro mit Fenstern/ohne Fenster etc. – denn die Arbeitsbedingungen sind es, die es Ihnen ermöglichen, in Bestform und mit der größtmöglichen Effektivität zu arbeiten.
5. Oder Sie können beschreiben, wer Sie sind, indem Sie sich auf das von Ihnen angestrebte Gehalt, Ihre bevorzugte Position und den entsprechenden Verantwortungsgrad konzentrieren, für den Sie sich angesichts Ihrer Erfahrungen, Ihres Temperaments und Ihres Ehrgeizes am ehesten geeignet fühlen: Wollen Sie allein arbeiten oder im Team, wollen Sie andere anleiten oder eigenverantwortlicher »Showmaster« sein?
6. Sie können beschreiben, wer Sie sind, indem Sie sich fragen, welches geografische Umfeld Sie bevorzugen würden. Wo wären Sie am glücklichsten, am leistungsfähigsten und würden am liebsten leben – hier oder im Ausland, in warmer oder kalter Umgebung, im Norden oder Süden, im Osten oder Westen, in den Bergen oder am Meer, in der Stadt, der Vorstadt oder in einem Dorf bzw. auf dem Land?
7. Sie können auch beschreiben, wer Sie sind, indem Sie beschreiben, welche Ziele, welchen Zweck, welchen Lebenssinn Sie verfolgen. Alternativ oder auch zusätzlich können Sie noch mehr ins Detail gehen und die Ziele oder den übergeordneten Sinn beschreiben, die das Unternehmen verfolgen soll, bei dem Sie arbeiten wollen.

Ich bin ein Mensch, der ... *all dies ist*

Sie können nur einer, aber auch zwei oder drei dieser Facetten Beachtung schenken – z. B. »was Sie wissen«, »was Sie können« und »das bevorzugte Gehalt«, die Ihnen die Richtung weisen und Ihnen dabei helfen, zu definieren, wer Sie – in der Sprache des Arbeitens – sind.

Aber das Blumendiagramm leistet noch mehr: Es beschreibt alle sieben Facetten Ihrer Persönlichkeit und verbindet sie auf einem einzigen Blatt Papier, in einer Grafik. Immerhin lässt Ihr Wesen sich nicht nur auf eines dieser Dinge reduzieren; Sie sind all diese Facetten. Das Blumendiagramm ist ein vollständiges, nicht einseitiges Bild *Ihres Selbst*.

Füllen Sie die Blume also mit Leben. Und versuchen Sie, das mit Freude zu tun und nicht als bloße Pflichtübung zu betrachten.

Die Blumenübung

BLÜTENBLATT 2
Mein bevorzugtes soziales Umfeld:

1.
2.
3.
4.
5.

Mein Holland-Code:
☐ ☐ ☐

BLÜTENBLATT 7
Mein Ziel, mein Lebenssinn, meine Mission:

BLÜTENBLATT 3
Meine bevorzugten übertragbaren Fähigkeiten (was ich kann und gern tue):

1.   6.
2.   7.
3.   8.
4.   9.
5.   10.

Meine bevorzugten Charakterzüge (optional):

1.
2.
3.
4.
5.
6.

BLÜTENBLATT 1
Meine besonderen Fachkenntnisse und Interessengebiete:

1.
2.
3.
4.
5.

Bevorzugte Medien:

1.
2.
3.
4.
5.

BLÜTENBLATT 6
Mein bevorzugtes geografisches Umfeld (Wo will ich irgendwann leben?):

1.
2.
3.

BLÜTENBLATT 4
Meine bevorzugten Arbeitsbedingungen:

1.
2.
3.
4.
5.

BLÜTENBLATT 5
Meine bevorzugte Gehaltsspanne:

Die von mir angestrebte Position/Verantwortungsstufe:

Andere Boni und Vergünstigungen, die ich mir wünsche:

Blütenblatt 1

Die Dinge, die ich weiß und kann

Gemeint sind hier das Wissen oder die Kenntnisse, die Sie gerne einsetzen. Oder das »Knowhow«. (Nennen Sie es, wie Sie wollen.)

Meine besonderen Fachkenntnisse und Interessengebiete

Unter den Begriff Fähigkeiten fasst man traditionell drei Faktoren: die Funktionen, die auch als übertragbare Fähigkeiten bezeichnet werden können, die Kenntnisse und die Charakterzüge. Als allgemeine Regel im Rahmen dieses Übungsbuches gilt: Kenntnisse sind *Nomen*, Charakterzüge sind *Adjektive* oder *Adverbien*, und übertragbare Fähigkeiten sind *Verben*. Wenn dieses Wissen Ihnen weiterhilft, großartig; wenn nicht, vergessen Sie es. Unser Grundprinzip lautet: Wenn eine Verallgemeinerung oder Kategorisierung Ihnen hilft, dann nutzen Sie sie. Wenn sie zur Verwirrung beiträgt, ignorieren Sie sie bitte!

Auf diesem »Blütenblatt« halten Sie Ihre Kenntnisse/Interessengebiete fest (tatsächlich sind diese der zentrale Bestandteil dieses Blütendiagramms), geordnet nach der Bedeutung, die sie für Sie haben. Zunächst jedoch benötigen Sie – wie bei jedem anderen Blütenblatt auch – ein Arbeitsblatt. Ein Arbeitsblatt ist eine Art Sammelplatz für die Ergebnisse der Übungen, die Sie absolvieren, aber auch für jede gute Idee, jede Vermutung, jeden Traum, der Ihnen in den Sinn kommt, jede Intuition, die sich bei der Arbeit an diesem Blütenblatt einstellt. Notieren Sie sich einfach alles. Ein Arbeitsblatt ist wie ein Fischernetz. Sie werfen es ins Meer, um einen möglichst großen Fang zu machen, und später sortieren Sie die besten Stücke Ihrer Beute aus.

> **Mein Blütenblatt »Besondere Fachkenntnisse und Interessengebiete«**
>
> **Ziel beim Ausfüllen dieses Blütenblattes:** Alles zusammenfassen, was Sie im Kopf haben. Erforderlich: Aus Ihrer Vergangenheit Themen, über die Sie bereits viel wissen und gern reden. Freiwillig: Für die Zukunft das, was Sie gern lernen würden.
> **Wonach Sie suchen:** Richtlinien, auf welchem Gebiet Sie gern arbeiten möchten.
> **Die Form Ihrer Eintragungen auf diesem Blütenblatt:** Vornehmlich Nomen. Siehe hierzu weiter unten.
> **Beispiel für ein gutes Blütenblatt:** »Grafikdesign, Datenanalyse, Mathematik, wie man ein Auto repariert, Videospiele, Kochen, Musik, die Prinzipien des Maschinenbaus, wie man ein Unternehmen leitet, Chinesisch, CATIA (Computer Aided Three-Dimensional Interactive Application)« etc.
> **Beispiel für ein schlechtes Blütenblatt:** »pünktlich, gründlich, analysierend, beharrlich, kommunikativ.« Warum schlecht? Kenntnisse sollten immer als Nomen ausgedrückt werden. Die Worte in unserem schlechten Blütenblattbeispiel beruhen dagegen überwiegend auf Adjektiven zur Beschreibung von Charakterzügen und übertragbaren Fähigkeiten.

Die Übung auf dem folgenden Arbeitsblatt (siehe Seite 22) sieht vielleicht schlampig, unstrukturiert und unordentlich aus. Aber das spielt keine Rolle. Nur die Zusammenfassung auf dem zugehörigen Blütenblatt sollte organisiert aussehen.

Dieses Blütenblatt ist besonders wichtig. Um Ihre speziellen Fachkenntnisse oder Interessengebiete aufzudecken, brauchen wir normalerweise vier Übungen. Mit der folgenden fangen wir an:

1. Welche Fachkenntnisse über Ihre Lieblingsmedien besitzen Sie?

Notieren Sie nun Ihre Lieblingsmedien, mit oder in denen Sie am liebsten arbeiten würden. Orientieren Sie sich an dem Kartenspiel – erinnern Sie sich? Meine sieben Medien waren, wie Sie sicher noch im Kopf haben, die folgenden – und zwar gleich in der richtigen Reihenfolge: Ideen, Menschen, Worte, Grafiken, Musik, Elektronik und Papier. Schreiben Sie Ihre jetzt auf, und zwar ganz oben auf Ihr Arbeitsblatt auf der übernächsten Seite. Ordnen Sie sie nach persönlichen Vorlieben. Dann notieren Sie in Abschnitt 1 sämtliche Kenntnisse, durch die Sie mit dem betreffenden Medium besser arbeiten können. Überlegen Sie sich, was Sie selbst wissen, was aber jemand anderes, dem das betreffende Medium noch fremd ist, noch nicht wissen kann.

Wenn beispielsweise Ihr bevorzugtes Medium der Computer ist, dann lautet die Frage: Was wissen Sie, das ein Neuling auf diesem Gebiet noch nicht weiß? Vielleicht kennen Sie sich beim MacIntosh-Betriebssystem gut aus. Dann notieren Sie *Mac OS x 10.7.* Vielleicht wissen Sie, wie man einen Computer *repariert*. Dann notieren Sie eben das. Vielleicht sind Sie fit im Grafikdesign am Computer. Dann schreiben Sie *Digital Grafic Design* auf. Unter Umständen wissen Sie sogar, wie man einen Source Code programmiert. Dann sollte Ihr Eintrag *Source Code* lauten. Vielleicht können Sie mobile Apps für iTunes (oder andere Smartphones) programmieren. Dann schreiben Sie *Mobile App-Programmierung* auf. Alles, was es Ihnen ermöglicht, besser mit dem Computer umzugehen, sind Kenntnisse.

Wenn beispielsweise ein von Ihnen bevorzugtes Medium **Spiele** sind, dann notieren Sie sämtliche Kenntnisse auf diesem Gebiet, die Sie von anderen Spielern unterscheiden. So könnte Ihr Eintrag beispielsweise lauten: wie man bei *Mass Effect 3* gewinnt oder vielleicht wie man *Multiplayer-Videospiele* spielt. Möglicherweise haben Sie das *Min-Max-Theorem* verstanden oder die *Theorie des Nullsummenspiels.* Vielleicht notieren Sie die *Xbox 360* oder auch *MMORGs (Massen-Mehrspieler-Online-Rollenspiele) wie World of Warcraft* etc. Jegliche Kenntnisse, jegliches Know-how, das Sie über dieses Medium haben, oder alles in diesem Medium, das Sie in die Lage versetzt, selbstbewusst und kompetent damit umzugehen und so zu verfahren, wie ein Neuling auf dem Gebiet es nicht könnte, sollte hier aufgelistet werden.

Vielleicht gehen Sie bei der Betrachtung eines Ihrer Lieblingsmedien auch leer aus. Ihnen kommen keine speziellen Fachkenntnisse in den Sinn. Dann lassen Sie es für den Augenblick durchgehen. Bemühen Sie sich bei dieser Übung einfach nur nach Kräften. Das braucht natürlich seine Zeit, denn Sie müssen dabei scharf nachdenken. Vielleicht sitzen Sie da, starren die Wände an, warten auf eine Zauberformel, während Ihnen der Schweiß auf der Stirn steht. Aber irgendwann wird sich die zündende Idee schon einstellen.

Manchmal kann es sehr hilfreich sein, nicht nach den richtigen Worten zu suchen, sondern sich Bilder ins Gedächtnis zu rufen.

Aber keine Sorge: Wenn Ihnen nichts einfällt, droht Ihnen keine Strafe. Schade wäre es nur, wenn Sie es nicht versuchten.

2. Welche Kenntnisse haben Sie in früheren Jobs erworben?

Wenn Sie auf eine gewisse Berufserfahrung zurückblicken können, haben Sie wahrscheinlich schon viele Fähigkeiten erlangt, die Sie mittlerweile für selbstverständlich halten. Aber derlei Kenntnisse sind letztlich wichtig. Listen Sie sie also auf!

Dazu gehören Dinge wie: *Buchhaltung, Formulare ausfüllen, das Eintreiben von Außenständen bei überzogenen Konten, Vermietung, internationales Business, Management, Marketing, Verkauf, Merchandising, Konfektionierung, Strategieentwicklung, Problemlösung, Troubleshooting, öffentliches Reden, Anwerben und Einstellen, Konferenzplanung, Systemanalyse, die Kultur anderer Länder verstehen, Fremdsprachen beherrschen, Regierungsaufträge abwickeln* und so weiter.

Um hier gründlich vorzugehen, sollten Sie eine Liste sämtlicher Jobs machen, die Sie jemals innehatten, und sich für jeden Job notieren, was Sie dort gelernt haben. Beispiel: »*Im Lager gearbeitet, gelernt, wie man einen Gabelstapler und einen Kran bedient, wie man*

ARBEITSBLATT

Notizen über meine bevorzugten Kenntnisse
Meine bevorzugten Medien a. b. c. d. e. f. g.
1. Durch welche Fachkenntnisse können Sie mit Ihren Lieblingsmedien besser arbeiten oder umgehen?
2. Welche Kenntnisse haben Sie in früheren Jobs erworben?

ARBEITSBLATT

Notizen über meine bevorzugten Kenntnisse
3. Welche Kenntnisse haben Sie abseits Ihrer Arbeit sammeln können?
4. Welche Tätigkeitsfelder, Berufswege oder Branchen interessieren Sie besonders?
5. Sonstige Vermutungen, gute Ideen, geniale Gedanken etc.

eine Lagerbestandskontrolle durchführt, wie man eine Speditions- und Logistik-Software bedient, Lagerverwaltung mit Warehouse-Management-System, Just-in-Time-Verfahren, Teamwork-Prinzipien und Supervision von Mitarbeitern.«

Oder auch: »*Bei McDonald's gearbeitet: gelernt, wie man Speisen vorbereitet und serviert, wie man Kunden bedient, wie man Geld wechselt, wie man mit Beschwerden umgeht, wie man neue Mitarbeiter anlernt etc.*«

Tun Sie dies mit sämtlichen Jobs, die Sie jemals innehatten. Schreiben Sie auf, wo Sie gearbeitet haben, was Sie dort gelernt haben. Dann lesen Sie sich sämtliche Notizen aus dieser Übung noch einmal durch und überlegen Sie sich, was Ihre bevorzugten Fachkenntnisse oder Interessen sind, deren Erwerb Sie besonders froh macht. Notieren Sie sie auf Ihrem Arbeitsblatt in dem dort vorgesehenen freien Feld.

3. Welche Kenntnisse haben Sie abseits Ihrer Arbeit sammeln können?

Notieren Sie zudem Kenntnisse, die Sie außerhalb Ihres Jobs erworben haben, wie zum Beispiel über: *Antiquitäten, Gärtnern, Kochen, Haushaltsplanung, Wohnraumplanung, Fotografie, Kunsthandwerk, Spiritualität, Sport, Camping, Reisen, Reparaturen, Flohmärkte, Scrapbooking, Nähen, Kunstbetrachtung in Museen, die Leitung oder Arbeit in einer freiwilligen Hilfsorganisation* und so weiter.

a. Überlegen Sie sich auch, was Sie zu Schulzeiten (oder während des Studiums) lernen oder gelernt haben und heute zu schätzen wissen: *Keyboard spielen? Chinesisch? Buchhaltung? Geografie?* Was sonst noch? Notieren Sie alles.
b. Denken Sie an alles, das Sie bei Weiterbildungsmaßnahmen gelernt haben, in Workshops, bei Konferenzen und so weiter, die Sie möglicherweise in Verbindung mit einem Job absolviert haben, den Sie zu diesem Zeitpunkt innehatten. Schreiben Sie es nieder.
c. Überlegen Sie sich, was Sie im Selbststudium gelernt haben, über Online-Kurse, Apps, über CDs (die Sie sich auf der Fahrt ins Büro anhörten), über Fernsehsendungen etc. Notieren Sie auch das.
d. Denken Sie an alles, was Sie sonst noch im Alltag gelernt haben: Wie man einen Flashmob organisiert, einen öffentlichen Protest, wie man Gelder für eine gute Sache sammelt, einen Marathon läuft, eine Toilette repariert etc. Notieren Sie auch diese Fähigkeiten in dem dafür vorgesehenen Feld auf Ihrem Arbeitsblatt.

4. Welche Tätigkeitsfelder, Berufswege oder Branchen interessieren Sie besonders?

Wenn Sie sich aus der Liste des Ganzen eine bestimmte Laufbahn oder ein Tätigkeitsfeld aussuchen wollen, ist es hilfreich, möglichst breit zu beginnen und dann den einzelnen Varianten näher auf den Grund zu gehen.

Allgemein gibt es folgende Tätigkeitsfelder: *Landwirtschaft, verarbeitende Industrie, Information* und *Dienstleistungen.* Haben Sie eine Idee, welche dieser vier Bereiche Sie am meisten anspricht? Wenn ja, dann notieren Sie ihn in dem dafür vorgesehenen Feld auf Ihrem Arbeitsblatt.

Um sich weitere Informationen zu diesem Thema zu verschaffen, empfiehlt sich ein Blick auf die Website der Bundesagentur für Arbeit: www.arbeitsagentur.de. Sowie auf die Berufsinformationen der Arbeitsagentur unter http://berufenet.arbeitsagentur.de/berufe. Im Folgenden finden Sie eine Zusammenstellung verschiedener **Berufsbilder, Branchen** oder **Jobfamilien**. Lesen Sie sich diese Liste durch und kreuzen Sie an, über welchen Bereich Sie sich näher informieren wollen (Sie können auch mehrere Optionen ankreuzen, um mehr Alternativen zu haben.)

- ❏ Hotel und Gaststättengewerbe
- ❏ Verwaltung und Support Dienstleistungen
- ❏ Landwirtschaft, Lebensmittel, Rohstoffe
- ❏ Architektur, Ingenieurwesen und Bau
- ❏ Kunst, Audio/Video-Technologie und Kommunikation
- ❏ Business, Geschäftsprozesse, Management und Administration
- ❏ Gemeinwesen und Sozialdienste
- ❏ Computer und Mathematik
- ❏ Design, Entertainment, Sport und Medien
- ❏ Distribution und Logistik
- ❏ Erziehung, Bildung, Bibliothekswesen
- ❏ Unterhaltung und Freizeit
- ❏ Landwirtschaft, Forstwirtschaft, Fischerei und Jagd
- ❏ Finanz- und Versicherungswesen
- ❏ Nahrungszubereitung und Dienstleistung
- ❏ Regierungsgeschäfte und öffentliche Verwaltung
- ❏ Grüne Branchen oder Jobs
- ❏ Gesundheitsvorsorge, Gesundheitswissenschaft und Sozialdienste
- ❏ Bewirtung und Tourismus
- ❏ Gesundheitsamt
- ❏ Informationsverarbeitung und Informationstechnologie
- ❏ Recht, Öffentliche Sicherheit, Strafvollzug
- ❏ Leben, Naturwissenschaft, Sozialwissenschaft
- ❏ Herstellung
- ❏ Management von Firmen und Unternehmen
- ❏ Marketing, Verkauf und Dienstleistung
- ❏ Militärnahe Tätigkeiten
- ❏ Bergbau, Abbau in Steinbrüchen, Erdöl- und Gasförderung
- ❏ Körperpflege und Kosmetik und entsprechende Dienstleitungen
- ❏ Produktion
- ❏ Serviceberufe im Bereich Abrechnung, Wissenschaft oder Technik/Wartung
- ❏ Schutzdienste
- ❏ Immobilien, Vermietung und Verpachtung
- ❏ Religion, Glauben und Ähnliches
- ❏ Einzelhandel, Verkauf und Ähnliches
- ❏ Wissenschaft, Technologie, Ingenieurwesen und Mathematik
- ❏ Berufliche Selbstständigkeit
- ❏ Transport, Logistik und Lagerverwaltung
- ❏ Energieversorgungsmanagement

Suchen Sie auf der Website http://berufenet.arbeitsagentur.de zunächst nach Berufsfeldern, die wiederum in weitere Tätigkeitsbereiche unterteilt sind. Wählen Sie hier den Fachbereich, der Sie interessiert, und Sie erhalten eine Fülle von Berufen zur Auswahl, in der vom Afrikanisten bis hin zum Wirtschaftssinologen alles zu finden ist. Die Berufe wiederum werden mit einem

Überblick über die Tätigkeit vorgestellt. Tätigkeitsfelder, Arbeitsumgebung, Beschäftigungsalternativen, Spezialisierung und Weiterbildungsmöglichkeiten runden die Informationen ab. Jugendlichen, die einen Beruf suchen, sei an dieser Stelle die ebenfalls von der Arbeitsagentur ins Leben gerufene Seite http://www.planet-beruf.de ans Herz gelegt, auf der zusätzlich zu Berufsinformationen auch wertvolle Tipps zum persönlichen Profil, zu Bewerbungsfragen und vieles mehr zu finden sind.

Dennoch sollte man stets Folgendes im Hinterkopf behalten: Jobs, Branchen und Berufsbilder sind sterblich: Sie werden geboren, sie wachsen, sie gedeihen, sie reifen, altern und sterben schließlich wieder aus. Manchmal dauert so etwas Jahrhunderte, manchmal bloß Jahrzehnte, manchmal sogar noch weniger. Aber letztlich sind die meisten Jobs, Branchen und Berufsbilder sterblich. Sie sollten also grundsätzlich einen Plan B in der Hinterhand haben.

Okay, nun sind Sie also mit der Übung für dieses Blütenblatt fertig. Was kommt jetzt? Sortieren Sie die Informationen. Ordnen Sie alles, was Sie auf Ihrem Arbeitsblatt gesammelt haben, in eines der vier Felder im folgenden Kasten ein (wobei Sie Feld Nr. 4 eigentlich vergessen können, wenn Sie wollen):

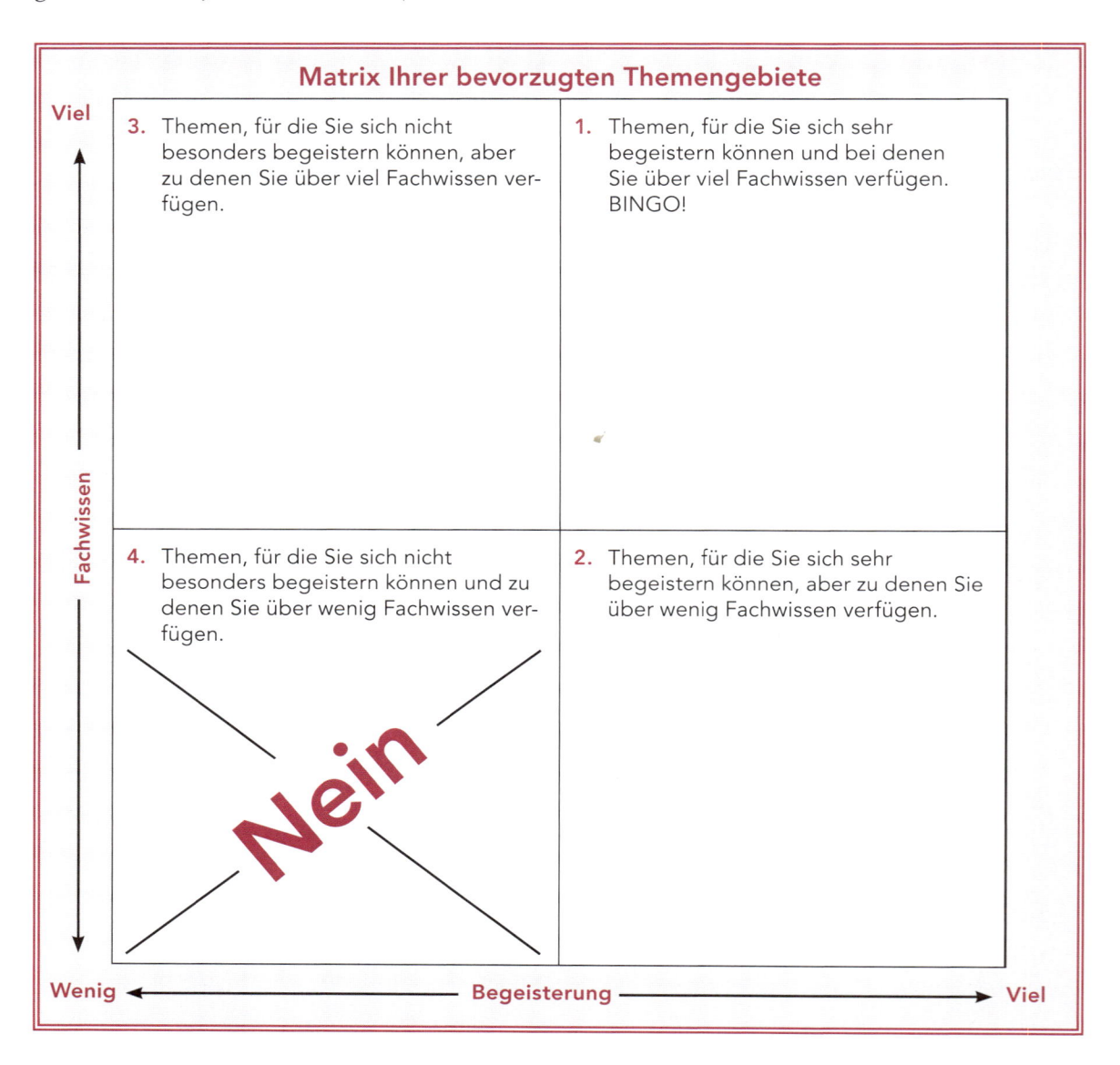

Matrix Ihrer bevorzugten Themengebiete

Viel ↑ Fachwissen ↓ Wenig | **Wenig ← Begeisterung → Viel**

3. Themen, für die Sie sich nicht besonders begeistern können, aber zu denen Sie über viel Fachwissen verfügen.

1. Themen, für die Sie sich sehr begeistern können und bei denen Sie über viel Fachwissen verfügen. BINGO!

4. Themen, für die Sie sich nicht besonders begeistern können und zu denen Sie über wenig Fachwissen verfügen. *Nein*

2. Themen, für die Sie sich sehr begeistern können, aber zu denen Sie über wenig Fachwissen verfügen.

Übertragen Sie nun die ersten vier oder fünf Ergebnisse aus dem ersten Feld und vielleicht auch einen Eintrag aus Feld Nr. 2 in das Blütenblatt mit dem Titel *Meine besonderen Fachkenntnisse und Interessengebiete* auf Seite 17.

Kommen wir also nun zu einer weiteren Facette Ihrer Persönlichkeit.

Blütenblatt 2

Die Menschen, mit denen ich zusammenarbeiten möchte

Mein bevorzugtes soziales Umfeld

Die Menschen, mit denen wir uns in der Freizeit oder am Arbeitsplatz umgeben, können uns entweder Energie rauben oder damit versorgen. Entweder ziehen sie uns herunter und hindern uns daran, besonders effektiv zu sein, oder sie heben uns empor und bringen das Beste in uns hervor, sodass wir mit größtmöglicher Effizienz arbeiten. Darauf werden wir gleich noch näher eingehen.

Hinzu kommt, dass die »menschliche Umgebung« eine weitere Möglichkeit ist, um Jobs oder Karrieren näher zu beschreiben. Nachdem ich Ihnen einige Hinweise zum Blütenblatt 2 gegeben habe, wenden wir uns der Übung in der Tabelle auf Seite 31 zu. Übrigens: Sie können diese Tabelle natürlich allein ausfüllen. Ich empfehle Ihnen aber, sich mit bis zu fünf anderen Jobsuchenden zusammenzutun. (Sie werden sehen, dass andere Menschen genauso genervt auf bestimmte Personen reagieren wie Sie selbst!)

Gehen Sie beim Ausfüllen der Spalten chronologisch vor. Bei der dritten Spalte werden Sie etwas Hilfe brauchen. Wie können Sie die Aussagen aus der zweiten Spalte priorisieren? Ganz einfach, mithilfe der Entscheidungsmatrix (siehe Seite 33).

Mein Blütenblatt »Bevorzugtes soziales Umfeld«

Ziel beim Ausfüllen dieses Blütenblattes: Sie wollen schlechte Erfahrungen, die Sie in der Vergangenheit mit Menschen am Arbeitsplatz oder in der Freizeit gemacht haben, vermeiden, denn die Menschen, mit denen Sie sich umgeben, können Ihnen den Tag entweder versüßen oder komplett verderben.

Wonach Sie suchen: (1) Sie wollen eine bessere Vorstellung davon bekommen, welches soziale Umfeld am Arbeitsplatz oder in der Freizeit es Ihnen ermöglicht, mit größtmöglicher Effizienz zu arbeiten. (2) Wenn ein Medium, das Sie in Ihrem Kartenspiel ausgewählt haben, »Menschen« lautete, dann hilft Ihnen diese Übung dabei, zu beschreiben, mit welcher Art von Menschen Sie am liebsten arbeiten oder wem Sie am liebsten helfen würden: Sie definieren das Alter, die Probleme, den geografischen Rahmen und so weiter.

Die Form Ihrer Eintragungen auf diesem Blütenblatt: Sie können vornehmlich Adjektive benutzen, mit denen Sie verschiedene Menschen beschreiben (»freundlich«, »geduldig«), oder können dort verschiedene Typen von Menschen beschreiben, wie im »Holland-Code« oder in der »Myers-Briggs«-Typologie (siehe Seiten 39 und 45) festgelegt ist. Dazu später mehr.

Beispiel für ein gutes Blütenblatt: *(1) Freundlich, großzügig, verständnisvoll, lustig, klug. (2) Arbeitslose, Menschen, deren Glauben erschüttert ist, auf der ganzen Welt, alle Altersgruppen. Holland-Code: IAS.*

Beispiel für ein schlechtes Blütenblatt: *Menschen in Not, jung, klug, in der Stadt, RCI.* Warum schlecht? Die Aussagen unterscheiden nicht zwischen (1) Menschen aus meinem Arbeitsumfeld und (2) den Menschen, denen ich helfen will. Beide Gruppen werden miteinander vermischt. Das ist nicht hilfreich, sondern zu vage.

MEIN BEVORZUGTES SOZIALES UMFELD

Spalte 1	Spalte 2
Orte, an denen ich in meinem Leben bisher gearbeitet habe.	Die Menschen, die mich dort genervt haben (an den Orten aus Spalte 1) (Nennen Sie keine Namen, sondern beschreiben Sie, was an diesen Menschen Sie aufgeregt hat: z. B. *herrisch, hat mich ständig mit persönlichen Problemen belästigt, ist immer früh gegangen, bevor die Arbeit fertig war, etc.* Die Reihenfolge der von Ihnen genannten Probleme spielt in dieser Spalte keine Rolle …)

Die Menschen, mit denen ich zusammenarbeiten möchte

MEIN BEVORZUGTES SOZIALES UMFELD

Spalte 3	Spalte 4
Die Art von Menschen, mit der ich lieber nicht zusammenarbeiten möchte. In folgender Reihenfolge, beginnend mit dem schlimmsten Fall. (Hier bringen Sie die Aussagen aus der zweiten Spalte in die richtige Reihenfolge. Welches Verhalten ist für Sie am schlimmsten? Was kommt dann? etc. Nutzen Sie dazu die Entscheidungsmatrix auf Seite 34.)	Mit dieser Art von Menschen würde ich gern zusammenarbeiten, beginnend mit dem besten Fall. (Das Gegenteil der Eigenschaften aus Spalte 3 in der gleichen Reihenfolge.)
1a.	1b.
2a.	2b.
3a.	3b.
4a.	4b.
5a.	5b.

Die Entscheidungsmatrix

Als Hilfsmittel gebe ich Ihnen die von mir entwickelte Entscheidungsmatrix (siehe Seite 34) an die Hand. Dabei müssen Sie sich immer nur zwischen zwei Faktoren gleichzeitig entscheiden.

Abschnitt A: Notieren Sie in beliebiger Reihenfolge die Faktoren, die Sie in der zweiten Spalte Ihrer Tabelle auf Seite 31 aufgelistet haben. Wahrscheinlich bekommen Sie bis zu zehn Stück zusammen. Wenn Sie ursprünglich mehr als zehn Faktoren gesammelt hatten, picken Sie diejenigen heraus, die Ihnen am meisten missfallen haben, und schreiben Sie diese auf.

Abschnitt B: Vergleichen Sie immer nur zwei Merkmale miteinander. Beginnen Sie mit dem kleinen Kasten links von Faktor 1 und Faktor 2. Die Zahlen sind ein Kürzel für die Faktoren, die Sie in Abschnitt A ausformuliert haben. Die Frage, die Sie sich jetzt stellen müssen, lautet wie folgt: Welchen der beiden Faktoren lehne ich am meisten ab? In dem kleinen Kasten umkreisen Sie also entweder die 1 oder die 2, je nachdem, welche unangenehme Arbeitsbedingung Sie lieber loswerden wollen, (1) oder (2).

Auf ähnliche Weise arbeiten Sie sich durch sämtliche anderen Kästchen aus Abschnitt A hindurch, folgen also der Diagonale, die vom Nordwesten zum Südosten der Entscheidungsmatrix verläuft. Der nächste kleine Kasten enthält also eine 2 und eine 3. Sie stellen sich die gleiche Frage, nur dass Sie nun zwischen (2) und (3) entscheiden müssen, welche Arbeitsbedingung Ihnen am meisten verhasst ist. Umkreisen Sie erneut die richtige Zahl. Warum arbeiten wir diagonal, statt einfach quer oder längs vorzugehen? Weil Sie dann womöglich eine Reflexreaktion auslösen (*»Ich habe Faktor 5 bis jetzt jedes Mal gecheckt, wahrscheinlich darf ich ihn auch beim nächsten Mal nicht auslassen.«*). Diagonal vorzugehen verhindert derlei Automatismen.

Arbeiten Sie sich also in diagonaler Richtung nach unten vor. Wenn Sie das Kästchen am Ende der ersten Diagonale erreicht haben (mit der 9 und der 10), fangen Sie wieder oben an und bearbeiten die nächste Diagonale (deren erstes Kästchen eine 1 und eine 3 enthält, anschließend 2 und 4, dann 3 und 5 etc.). Sie vergleichen hier also jeweils die Faktoren 1 und 3, 2 und 4, 3 und 5 etc.

Haben Sie diese Diagonale dann ebenfalls beendet, bearbeiten Sie die nächste (beginnend mit der 1 und der 4, dann dem Kästchen mit der 2 und der 5 bis hinab zu 7 und 10).

Weiter geht es zur nächsten Diagonale beginnend mit dem Kästchen, das eine 1 und eine 5 enthält, dann die 2 und die 6 und so weiter. Fahren Sie so fort, bis Sie bis zum allerletzten Kästchen gelangt sind (1 und 10).

Abschnitt C: Dieser Abschnitt besteht, wie Sie sehen, aus drei Reihen. Die erste Reihe ist bereits für Sie ausgefüllt. Sie enthält die Zahlen der Merkmale, die Sie in Abschnitt A aufgelistet haben. In der zweiten Reihe darunter verzeichnen Sie, wie oft Sie jede Nummer in sämtlichen Kästchen eingekreist haben. Nehmen wir an, die 1 wurde 7 Mal eingekreist. Also tragen Sie in der zweiten Zeile unter der Nummer 1 die Zahl 7 ein. Anschließend zählen Sie nach, wie häufig Sie Merkmal 2 umkreist haben; nehmen wir an, dass dies nur

ENTSCHEIDUNGSMATRIX FÜR 10 ODER WENIGER MERKMALE

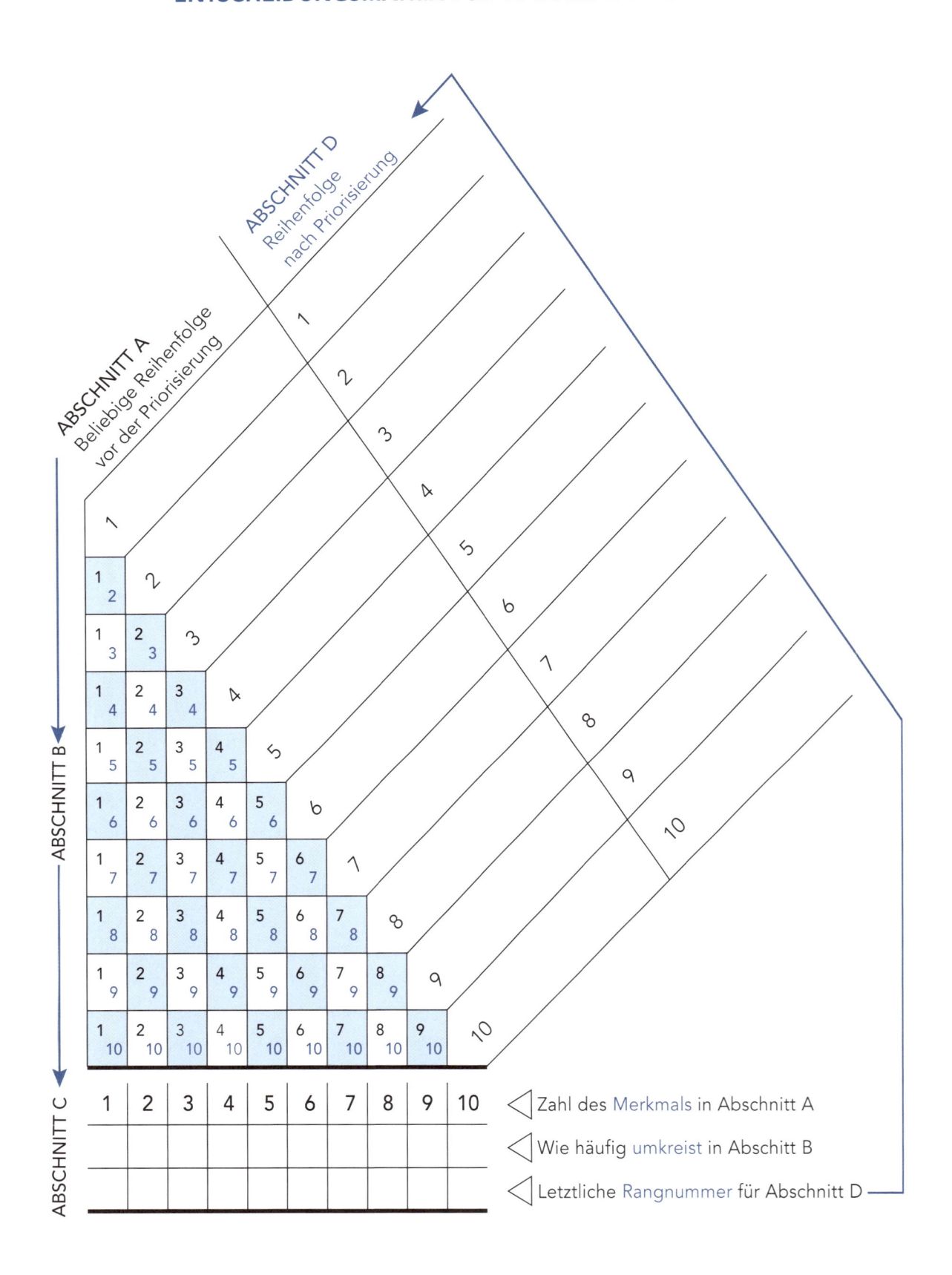

ABSCHNITT D — Reihenfolge nach Priorisierung

ABSCHNITT A — Beliebige Reihenfolge vor der Priorisierung

ABSCHNITT B

ABSCHNITT C

◁ Zahl des Merkmals in Abschnitt A
◁ Wie häufig umkreist in Abschnitt B
◁ Letztliche Rangnummer für Abschnitt D

Copyrigt © Richard N. Bolles. Alle Rechte vorbehalten

34 • Das Workbook

einmal geschah. Also gehört die Zahl 1 unter Faktor 2. Fahren Sie fort, bis die 10 erreicht ist.

Betrachten Sie nun die Zahlen in der zweiten Reihe. Wenn eine Zahl in Abschnitt C nicht zweimal auftaucht, großartig! Wahrscheinlicher aber ist es, dass Sie durchaus zwei Faktoren genauso häufig umkreist haben – nehmen wir in unserem Fall an, dass es sich um die Nummer 2 und die Nummer 10 handelt. Wie können Sie dieses Dilemma lösen? Werfen Sie hierzu einen Blick auf Abschnitt B, um das Kästchen zu finden, in dem die 2 und die 10 miteinander kombiniert wurden. Welchen Faktor haben Sie dort umkreist? Nehmen wir an, es war die 2. Also erhält die 2 in der zweiten Reihe einen zusätzlichen halben Punkt. Jetzt hat sie nicht mehr nur einen einzigen, sondern 1 ½ Punkte. Bei der 10 bleibt alles beim Alten (sie hat nur einen Punkt). So können Sie mit jeglichem Dilemma verfahren.

Was aber machen Sie mit einem dreifachen Dilemma – also mit drei Faktoren, die genauso häufig umkreist wurden? Das bedeutet, dass Sie sich in Abschnitt B irgendwo selbst widersprochen haben: Einmal haben Sie den einen Faktor als wichtiger bewertet, ein anderes Mal nicht. Die einzige Möglichkeit, um ein Dreifachdilemma zu lösen, besteht darin, die drei Faktoren direkt miteinander zu vergleichen. Stellen Sie eine Reihenfolge auf: Fragen Sie sich, welcher Ihnen am meisten verhasst ist, welcher dann folgt und welcher dann. Nehmen wir an, dass Sie die Faktoren 3, 4 und 7 alle gleich häufig umkreist haben. Sie verabscheuen die Nummer 7 am meisten, dann folgt die 4, dann die 3. Geben Sie also der 7 zusätzlich einen ¾ Punkt, der 4 geben Sie noch einen ½ Punkt und der 3 keinen zusätzlichen Punkt. Jetzt können keine zwei Faktoren in der zweiten Zeile von Abschnitt C mehr die gleiche Punktzahl haben.

Kommen wir nun zur letzten Zeile in Abschnitt C. Ordnen Sie die Arbeitsbedingungen gemäß der Punktzahl in der zweiten Reihe. Derjenige Faktor, der am häufigsten umkreist wurde – nehmen wir an, es war der Faktor 6 –, bekommt die Position 1. Schreiben Sie also in der dritten Reihe eine 1 unter die Nr. 6. Nehmen wir an, Faktor 8 wurde am zweithäufigsten umkreist. Die 2 steht in der dritten Reihe also unter Faktor 8. Die Nummer 1 bekommt in unserem Beispiel die nächsthäufigsten Kreise, also schreiben Sie darunter eine 3 in die dritte Zeile des Abschnitts C. Und so weiter und so fort.

Abschnitt D: Schreiben Sie die Liste aus Abschnitt A in Abschnitt D neu, allerdings nun in der richtigen Reihenfolge. Beginnen Sie mit dem Faktor, den Sie am meisten verabscheuten, dann den nächsten, dann den nächsten – etc. Richten Sie sich dabei nach der Reihenfolge, die Sie in der letzten Reihe des Abschnitts C festgelegt haben. In unserem oben genannten Beispiel würden Sie Faktor 6 (aus Abschnitt A) in die erste Zeile des Abschnitts D eintragen, denn er wurde am häufigsten umkreist. Faktor 8 aus Abschnitt A gehört in die zweite Zeile des Abschnitts D, denn er wurde am zweithäufigsten eingekreist. Fahren Sie so fort, bis Sie alle zehn Faktoren in der für Sie persönlich geltenden Reihenfolge, die die Entscheidungsmatrix ergeben hat, notiert haben.

Was ist in Abschnitt D für Sie herausgekommen? Eine genaue Liste Ihrer Abneigungen im Hinblick auf die Menschen, mit denen Sie zusammenarbeiten wollen: *»Ich würde am liebsten nicht mit Menschen zusammenarbeiten, die … als Nächstes möchte ich nicht mit Menschen zusammenarbeiten, die …«* etc.

Ich nehme an, Sie hätten gern ein Beispiel für eine fertig ausgefüllte Entscheidungsmatrix. Sie finden es unten. Beachten Sie, dass es einen Fehler in Zeile 3 des Abschnitts D gibt. Es spielt keine Rolle, wenn Sie einmal einen Fehler machen. Streichen Sie den Eintrag einfach durch und setzen Sie die richtige Information ein. Keiner ist vollkommen, und das ist ganz in Ordnung so.

Kehren wir nun zur *Tabelle* auf Seite 31 zurück. Tragen Sie die ersten fünf Faktoren aus Abschnitt D der Entscheidungsmatrix in die dritte Spalte der Tabelle ein. Nun liegt Ihnen

ENTSCHEIDUNGSMATRIX FÜR 10 ODER WENIGER MERKMALE

ABSCHNITT C	1	2	3	4	5	6	7	8	9	10	◁ Zahl des Merkmals in Abschnitt A
	7	1½	3	3½	6	9	3¼	8	4	1	◁ Wie häufig umkreist in Abschnitt B
	3	9	8	7	4	1	6	2	5	10	◁ Letztliche Rangnummer für Abschnitt D

Copyrigt © Richard N. Bolles. Alle Rechte vorbehalten

hier eine *Negativliste* aus Faktoren vor, die Sie gerne meiden möchten. Aber Sie benötigen eine *positive* Liste dessen, was Sie zu finden versuchen.

Betrachten Sie also die fünf negativen Faktoren, die Sie dort, in der dritten Spalte der Tabelle, aufgeschrieben haben, und notieren Sie das *Gegenteil* oder etwas, das dem positiven Gegenentwurf gleichkommt, in die vierte Spalte direkt neben jeden Faktor aus der dritten Spalte. Das muss keineswegs das »genaue Gegenteil« sein. Wenn Sie sich in der dritten Spalte darüber beklagt haben, dass Sie »zu engmaschig überwacht wurden«, muss das Gegenteil in der vierten Spalte nicht notwendigerweise »keine Aufsicht« lauten, sondern könnte auch »Kontrolle in begrenztem Maße« lauten. Hier ist Ihre Kreativität gefragt.

Indem Sie auf Ihrer Negativliste die genaue Reihenfolge derjenigen Faktoren festlegen, die Sie unbedingt meiden wollen (dritte Spalte in der Tabelle), finden Sie in der davon abhängigen Positivliste (vierte Spalte der Tabelle) die nach der Reihenfolge geordneten Faktoren, die Sie bei einem zukünftigen Job unbedingt vorfinden wollen.

Notieren Sie die ersten fünf Faktoren Ihrer Positivliste im Blumendiagramm auf dem Blütenblatt mit dem Titel »Mein bevorzugtes soziales Umfeld«.

Wenden wir uns sodann dem Rest dieses Blütenblatts zu.

Die Party-Übung

Beim sozialen Umfeld geht es nicht nur darum, herauszufinden, wer Sie verärgert und wer nicht. Obwohl das durchaus von Bedeutung ist. Aber Menschen sind auch eine Möglichkeit, um herauszufinden, welchen Berufsweg man einschlagen möchte.

Der Grund ist, dass jedes berufliche Umfeld eine charakteristische Sozialstruktur hat. Sagen Sie uns, welche Karriere Sie interessiert, und wir können Ihnen in groben Zügen sagen, welches soziale Umfeld sie Ihnen bietet. Dabei gibt es sechs unterschiedliche Varianten.

Oder sagen Sie uns, welches soziale Umfeld Sie sich wünschen – wobei Sie sich ebenfalls an jenen sechs Faktoren orientieren –, und wir können Ihnen sagen, welcher Beruf Ihnen etwas Entsprechendes bieten kann. Ehre, wem Ehre gebührt, deshalb sollten Sie wissen, dass es der verstorbene Dr. John L. Holland war, auf dessen Überlegungen das im Folgenden vorgestellte System basiert.*

---

* Nebenbei bemerkt gibt es eine Beziehung zwischen den Menschen, mit denen Sie sich gern umgeben, und Ihren Fähigkeiten und Werten. Die meisten von uns müssen dieses Thema gar nicht weiter verfolgen, wenn Sie aber neugierig sind, dann empfehle ich Ihnen die Lektüre von John Hollands Buch *Making Vocational Choices* (1997, 3. Auflage). Leider ist der Titel nur in englischer Sprache erhältlich und vergriffen, ist aber in gebrauchtem Zustand bei verschiedenen Online-Anbietern verfügbar. Das von John L. Holland entwickelte RIASEC-System, das davon ausgeht, dass die Interessen eines Individuums die Basis für eine grundlegende Persönlichkeitsorientierung bilden und dass Person und Beruf dann am besten zusammenpassen, wenn die individuellen Interessen mit den beruflichen Erfordernissen übereinstimmen, wird auch als Allgemeiner Interessen-Strukturtest im Netz angeboten. Einen solchen Test finden Sie online zum Beispiel unter http://arbeitsblaetter.stangl-taller.at/TEST/SIT/Test.shtml. Eine grundlegende Auseinandersetzung mit verschiedenen psychologischen Testverfahren finden Sie unter www.ub.ruhr-uni-bochum.de/DigiBib/Fachinfo/Psy_Test.htm. Folgen Sie hier den weiterführenden Links.

Er unterschied sechs grundsätzliche Varianten des menschlichen Umfelds:

1. **Realistisches** Umfeld: Hier finden Sie vorwiegend Menschen, die Aktivitäten bevorzugen, bei denen es um »eindeutige, geordnete oder systematische Einwirkung auf Gegenstände, Werkzeuge, Maschinen oder Tiere« geht. Der Begriff »realistisch« geht übrigens auf Platons Konzept der »Wirklichkeit« in seinem Höhlengleichnis zurück, also jener Realität, die wir über die Sinne wahrnehmen.
   Dieses Umfeld fasse ich unter dem Buchstaben R zusammen = Menschen, die die Natur lieben oder Pflanzen oder Tiere oder Sport, Werkzeuge oder Maschinen, oder Menschen, die gerne an der frischen Luft arbeiten.
2. **Intellektuelles** Umfeld: Hier finden sich vorwiegend Menschen, die Aktivitäten bevorzugen, bei denen es um »Beobachtung und die symbolische, systematische kreative Analyse physikalischer, biologischer oder kulturelle Phänomene« geht.
   Dieses Umfeld fasse ich unter dem Buchstaben I zusammen = Menschen, die wissbegierig sind, die den Dingen auf den Grund gehen und Dinge, Menschen oder Daten gern analysieren.
3. **Kreatives** Umfeld: Hier finden sich vorwiegend Menschen, die Aktivitäten bevorzugen, bei denen es um »vielschichtige, freie, unsystematische Aktivitäten und Kompetenzen geht, mit denen Formen oder Produkte geschaffen werden«.
   Dieses Umfeld fasse ich unter dem Buchstaben A zusammen = Menschen, die künstlerisch veranlagt, fantasievoll und innovativ sind und die keine Stechuhren mögen.
4. **Soziales** Umfeld: Hier finden sich vorwiegend Menschen, die Aktivitäten bevorzugen, bei denen es um die »Einwirkung auf Menschen durch Information, Ausbildung, Entwicklung, Therapie oder spirituelle Betreuung« geht.
   Dieses Umfeld fasse ich mit dem Buchstaben S zusammen = Menschen, die anderen gern helfen, sie unterrichten oder für sie Dienstleistungen erbringen.
5. **Unternehmerisches** Umfeld: Hier finden sich vorwiegend Menschen, die Aktivitäten mögen, bei denen es um die »Einwirkung auf andere Menschen geht, um organisatorische oder eigene Ziele zu erreichen«.
   Dieses Umfeld fasse ich unter dem Buchstaben E (für »enterprising«) zusammen und meine damit Personen, die gern Projekte, Firmen oder Organisationen aufbauen oder Dinge verkaufen oder andere Menschen beeinflussen oder überzeugen wollen.
6. **Konventionelles** Umfeld. Hier finden sich vornehmlich Menschen, die Aktivitäten bevorzugen, bei denen es um die »eindeutige, geordnete, systematische Einwirkung auf Daten geht, wie Protokolle, Ablage, die Reproduktion von Inhalten, das Organisieren und Ordnen schriftlicher oder numerischer Daten nach einem vorgegebenen System, die Bedienung von Büromaschinen und Computern«. Der Begriff »konventionell« bezieht sich im Übrigen auf die »Werte«, die solchen Menschen normalerweise wichtig sind – und die damit die große Mehrheit unserer Kultur repräsentieren.
   Dieses Umfeld fasse ich unter dem Buchstaben C zusammen (für »conventional«). Ich meine damit Personen, die sich gern mit Details befassen und Aufgaben und Projekte gern von Anfang bis Ende durchführen.

R für »realistisch«

Menschen, die über sportliche oder mechanische Fähigkeiten verfügen. Sie arbeiten am liebsten mit Gegenständen, Maschinen, Werkzeugen, Pflanzen oder Tieren oder im Freien.

Menschen, die gern beobachten, lernen, untersuchen, analysieren, bewerten oder Probleme lösen.

I für »intellektuell«

C für »konventionell« (= conventional)

Menschen, die gern mit Daten zu tun haben, über administrative Fähigkeiten verfügen und gern mit Zahlen umgehen, die detailgetreu und genau arbeiten und Anweisungen gewissenhaft befolgen können.

Die Party

Menschen, die künstlerische, kreative oder intuitive Fähigkeiten haben und gern in unstrukturierten Situationen arbeiten, in denen sie ihre Fantasie und ihre Kreativität nutzen können.

A für »kreativ« (= artistic)

E für »unternehmerisch« (= enterprising)

Menschen, die gern mit anderen Menschen arbeiten – sie beeinflussen, überzeugen. Leistungsorientierte Menschen mit Führungs- oder Managementqualitäten, die unternehmerische Ziele oder wirtschaftlichen Erfolg anstreben.

Menschen, die gern mit anderen Menschen arbeiten – sie informieren, aufklären, sie ausbilden, ihnen helfen, zu ihrer Entwicklung beitragen oder heilen oder die besonders wortgewandt sind.

S für »sozial«

John Hollands Theorie zufolge bevorzugt jeder Mensch drei dieser sechs Umfelder. Die Buchstaben der drei Typen, mit denen Sie am liebsten zu tun haben, ergeben den sogenannten Holland-Code. Die Frage ist nur, welche Buchstabenkombination auf Sie selbst passt.

Im Jahre 1975 entwickelte ich eine ebenso schnelle wie leichte Methode, die auf dem Holland'schen System basiert und die es Ihnen ermöglicht, Ihren eigenen Holland-Code herauszufinden. Tatsächlich kann sie es mit den meisten Persönlichkeitstests dieser Art problemlos aufnehmen.* Wenn Sie Ihre Antworten also nach allen Seiten absichern wollen, machen Sie einen entsprechenden Test. Sind Sie jedoch in Eile, dann kommen Sie einem vernünftigen Ergebnis durch diese Übung am nächsten. Ich bezeichne sie als die »Party-Übung«. Sie funktioniert folgendermaßen *(Machen Sie doch gleich mit!)*:

In der Grafik oben sehen Sie den Grundriss eines Raumes, in dem eine Party stattfindet. Bei dieser Party haben sich Menschen mit den gleichen oder ähnlichen Interessen jeweils in einer bestimmten Ecke des Raumes versammelt. Überprüfen Sie im Hinblick auf die sechs Ecken nun Folgendes:

1. Welche Ecke des Raumes würde Sie instinktiv anziehen, weil dort die Gruppe steht, in deren Gesellschaft Sie sich am längsten wohlfühlen würden? (An dieser Stelle sollte es Sie nicht interessieren, ob Sie zu schüchtern wären, auf diese Menschen zuzugehen, oder ob Sie sich tatsächlich mit ihnen unterhalten wollen; Sie könnten sich schließlich auch einfach nur dazugesellen und ihnen zuhören.) Notieren Sie den Buchstaben für diese Ecke hier:

☐

---

* Eine amüsante Anekdote am Rande: John war ein guter Freund von mir. Als ich ihm die von mir entwickelte Party-Übung zum ersten Mal zeigte, bat ich ihn, mir ein Feedback zu geben. Mit einem Zwinkern meinte er: »Wahrscheinlich bin ich damit aus dem Rennen!« Nein, das war er nicht. Sein eigener, auf dem von ihm entwickelten RIASEC-System basierender Test verkaufte sich mehr als 30 Millionen Mal. Das System gilt als Grundlage für viele andere Tests oder Instrumente zur Berufswahl.

Die Menschen, mit denen ich zusammenarbeiten möchte

2. Nach einer Viertelstunde verlassen außer Ihnen sämtliche anderen Mitglieder der Gruppe die Party, um woanders weiterzufeiern. Welche der noch verbleibenden Gruppen würde Sie jetzt am stärksten anziehen, weil dort die Menschen stehen, in deren Gegenwart Sie sich am längsten wohlfühlen würden? Notieren Sie den Buchstaben für die entsprechende Ecke hier: ☐

3. Nach weiteren 15 Minuten verlässt auch diese Gruppe die Party. Wieder bleiben Sie zurück. Fragen Sie sich nun, welche der nun verbleibenden Gruppen Sie noch anziehen könnte. Den Buchstaben für diese Gruppe notieren Sie hier: ☐

Die drei Buchstaben, die Sie soeben ermittelt haben, sind Ihr sogenannter Holland-Code*. Notieren Sie diesen Code hier:

☐ ☐ ☐

Diesen Code sollten Sie jetzt auf das Blütenblatt *Mein bevorzugtes soziales Umfeld* übertragen. Jetzt sind wir mit diesem Blütenblatt fertig.

Kommen wir also zu einer weiteren Facette Ihrer Persönlichkeit.

---

* Übrigens ermutigte John Holland seine Schützlinge meist, alle sechs Versionen (der Fachbegriff lautet *Permutationen*) ihres Holland-Codes aufzuschreiben. Nehmen wir an, Ihr Code lautet SIA. Seine Permutationen lauten SIA, SAI, IAS, ISA, ASI und AIS. Diese Varianten sind besonders nützlich, wenn Sie nach Jobs suchen, die Ihrem Code entsprechen. Geben Sie »RIASEC-Test zur Berufswahl« in das Suchfeld Ihrer Suchmaschine ein, und Sie finden weiterführende Seiten, wie z. B. http://www.berufswahl-test.com/was-ist-RIASEC. Außerdem entwickelten John und ich sein System weiter und wandten es auf unsere Tagträume an. Listen Sie alles auf, was Sie immer schon einmal tun wollten. Rechts daneben notieren Sie den Holland-Code, den Sie für diese Tätigkeit *vermuten* – vermuten! Danach weisen Sie jedem ersten Buchstaben drei Punkte zu. Jeder an zweiter Stelle stehende Buchstabe erhält zwei Punkte. Buchstaben an dritter Stelle bekommen einen Punkt. (Bei IAS erhält das »I« also drei Punkte, das »A« zwei Punkte und das »S« einen Punkt.) So verfahren Sie bei jedem Code, den Sie sich notiert haben, dann zählen Sie die Punkte für jeden Buchstaben zusammen. Wie viele Punkte bekam das »R«, wie viele das »I« und so weiter. Die drei mit den meisten Punkten listen Sie der Reihenfolge nach auf. Wenn Sie fertig sind, haben Sie den Holland-Code Ihrer Tagträume vorliegen. Oder wie John zu mir sagte: »Das ist die zuverlässigste Methode, um den Code eines Menschen herauszufinden, aber wer würde das schon glauben – außer dir und mir?«

Blütenblatt 3

Die Fähigkeiten, die mein Talent ausmachen

Hier geht es um die übertragbaren Fähigkeiten oder Gaben, Talente, Fertigkeiten (wie immer man es nennen will), die Sie gern einsetzen.

Meine bevorzugten übertragbaren Fähigkeiten

Wir können hier auch von »Soft Skills« sprechen. Eigentlich ist das nur ein anderer Begriff für Ihre Fähigkeiten. Darunter fallen Dinge wie »ein gutes Arbeitsethos«, »eine positive Einstellung«, »Teamfähigkeit«, »Flexibilität«, »Belastbarkeit« und »die Bereitschaft, aus Kritik zu lernen«.

Sicher werden Sie auch auf Berater oder Websites stoßen, die übertragbare Fähigkeiten in diverse Kategorien einteilen wie »Kommunikationsbereitschaft«, »technische Fähigkeiten«, »Recherche- und Analysefähigkeiten«, »Fähigkeiten im Bereich Management und Supervision sowie Führungsqualitäten«, »administrative und organisatorische Fähigkeiten«, »Problemlösungs- und Entwicklungsfähigkeiten«, »finanzielles Geschick« etc. Diese Wissenschaft ist eben einigermaßen schwammig. Ich bevorzuge es deshalb nach wie vor, von »Fähigkeiten, mit Daten oder Menschen oder Dingen umzugehen« zu sprechen. Das ist einfach (und so bin ich offenbar auch gestrickt).

An diesem Punkt Ihrer Bestandsaufnahme suchen Sie nach den mutmaßlichen Grundbausteinen Ihrer Arbeit. Wenn Sie also herausfinden wollen, was Ihr Traumjob ist, oder einen Berufswechsel anstreben, müssen Sie zunächst einmal Ihre funktionalen, übertragbaren Fähigkeiten identifizieren. Sie vermuten vielleicht, dass Sie Ihre besten und bevorzugen Fähigkeiten in aller Regel eigentlich kennen. Trotzdem kann es nicht schaden, wenn Sie das Wissen über sich selbst noch ein wenig aktualisieren.

Mein Blütenblatt »Meine bevorzugten übertragbaren Fähigkeiten«

Ziel beim Ausfüllen dieses Blütenblattes: Sie wollen entdecken, was Ihre übertragbaren Fähigkeiten sind, die auf jegliches Betätigungs- oder Interessengebiet anwendbar sind. Dabei handelt es sich um Ihre Fähigkeit, mit Menschen, mit Daten oder mit Dingen umzugehen. Diese Fähigkeiten sind Ihnen wahrscheinlich angeboren. Zumindest haben Sie eine natürliche Gabe, die Sie seitdem kultiviert haben.

Wonach Sie suchen: Sie wollen nicht nur wissen, was Sie können, sondern welche dieser Fähigkeiten Sie auch gern einsetzen.

Die Form Ihrer Eintragungen auf diesem Blütenblatt: Verben, vorzugsweise im Infinitiv (z. B. analysieren), vielleicht auch in der substantivierten Form des Verbs (z. B. Analysieren).

Beispiel für ein gutes Blütenblatt: (Diese Geschichten zeigen, dass ich Folgendes kann) *Neuerungen vornehmen, Menschen beeinflussen, analysieren, klassifizieren, coachen, verhandeln.* ODER (diese Geschichten zeigen, dass ich gut bin) *im Vornehmen von Neuerungen, in der Beeinflussung von Menschen, im Analysieren, Klassifizieren, Coachen, Verhandeln.*

Beispiel für ein schlechtes Blütenblatt: *anpassungsfähig, charismatisch, verlässlich, einfühlsam, diskret, dynamisch, beharrlich, vielseitig.* Warum schlecht? Bei den genannten Eigenschaften handelt es sich um *Charakterzüge*, also um den *Stil*, in dem Sie Ihre übertragbaren Fähigkeiten einsetzen. Sie sind ebenfalls wichtig, aber es handelt sich eben nicht um übertragbare Fähigkeiten.

Ein Wochenende sollte ausreichen! Ein Wochenende reicht zur Erforschung Ihrer *Vergangenheit*. Dann können Sie sich ein gutes Bild davon machen, welche *Art* von Arbeit Sie *in Zukunft* übernehmen wollen. (*Natürlich können Sie diese Bestandsaufnahme auch im Verlauf von ein paar Wochen vornehmen, wenn Sie sich beispielsweise an jedem zweiten Abend in der Woche ein oder zwei Stunden hinsetzen. Es liegt an Ihnen, wie schnell Sie dabei vorgehen.*)

Ein Crashkurs zum Thema »Übertragbare Fähigkeiten«

Einige Leute erstarren förmlich vor Ehrfurcht, wenn Sie das Wort »Fähigkeiten« hören.

Das beginnt schon mit jobsuchenden Schülern: »Eigentlich habe ich gar keine besonderen Fähigkeiten«, behaupten sie.

Auch Studenten sind dieser Ansicht: »Ich habe vier Jahre Studium hinter mir. Ich hatte gar nicht die Zeit, mir irgendwelche Fähigkeiten anzueignen.«

Und es geht weiter in den mittleren Jahren, insbesondere, wenn der oder die Betreffende über eine berufliche Neuorientierung nachdenkt. »Ich werde noch einmal die Schulbank drücken und eine neue Ausbildung machen müssen, denn mir fehlen sämtliche Fähigkeiten für mein neues Aufgabengebiet.« Oder: »Nun, wenn ich mich an meinen Fähigkeiten orientiere, fange ich in einer sehr niedrigen Gehaltsklasse an.«

Die Angst, die mit dem Begriff »Fähigkeiten« einhergeht, ist sehr verbreitet. Sie hat ihre Wurzeln in einem vollkommenen Missverständnis im Hinblick auf die Bedeutung dieses Wortes. Diesem Missverständnis unterliegen zudem auch noch viel zu viele Arbeitgeber oder Personalabteilungen oder auch sogenannte Berufsberater.

Indem Sie dieses Wort besser verstehen lernen, sind Sie anderen Jobsuchenden automatisch um mehrere Nasenlängen voraus. Insbesondere, wenn Sie eine berufliche Neuorientierung anstreben, sollten Sie nicht unnötig auf den Rat, wieder »die Schulbank zu drücken«, hören. Vielleicht benötigen Sie ja *tatsächlich* eine Weiterbildung. Aber sehr häufig ist eine grundlegende berufliche Veränderung auch ohne erneute Ausbildung möglich. Und Sie werden niemals *wissen*, ob Sie eine Weiterbildungsmaßnahme benötigen, bevor Sie nicht sämtliche Übungen aus diesem Buch absolviert haben.

Die übertragbaren Fähigkeiten sind das Herz Ihrer Vision und Ihrer beruflichen Mission. Schauen wir uns also an, was übertragbare Fähigkeiten nun genau *sind*.

Hier sind die wichtigsten Fakten, die Sie im Hinblick auf übertragbare, funktionale Fähigkeiten im Kopf behalten müssen.

1. **Ihre übertragbaren (funktionalen) Fähigkeiten sind die Grundbausteine – die Atome – einer jeglichen Laufbahn, für die Sie sich entscheiden.**
   Auf der folgenden Seite finden Sie eine bekannte grafische Darstellung zu dem Thema, entwickelt von dem verstorbenen Sidney A. Fine (abgedruckt mit seiner Erlaubnis).
2. **Schreiben Sie sich immer die höchsten Fähigkeiten zu, die aufgrund vergangener Leistungen gerechtfertigt sind.**
   Ihre übertragbaren Fähigkeiten lassen sich in drei *Familien* unterteilen, je nachdem, ob Sie sie im Zusammenhang mit Daten (Informationen), mit Menschen oder Dingen einsetzen. Das Diagramm macht deutlich, dass es in jeder Familie *einfache* Fähigkeiten gibt und *höhere, komplexere* Fähigkeiten, sodass sie insgesamt als umgekehrte Pyramiden dargestellt werden können: Einfachere Fähigkeiten stehen unten, die komplexeren darüber.
   Als Faustregel – zu der es natürlich wieder Ausnahmen gibt – gilt, dass jede höhere Fähigkeit die Beherrschung der darunter stehenden Fähigkeiten impliziert. *Diese* können Sie also in jedem Fall für sich beanspruchen. Natürlich möchten Sie sich die höchstmög-

liche Fähigkeit auf der jeweiligen Pyramide zuschreiben, die Sie auf der Basis vergangener Leistungen für sich beanspruchen können.

3. **Je höher Ihre übertragbaren Fähigkeiten, umso mehr Freiheiten genießen Sie in jeglichem Beruf.**

   Die seitlichen Pfeile mit dem entsprechenden Text in der Grafik zeigen: Einfachere Tätigkeiten können in hohem Maße (vom Arbeitgeber) *vorgeschrieben* werden – was meist auch tatsächlich der Fall ist. Wenn Sie also ausschließlich über einfachere Fähigkeiten verfügen, müssen Sie sich »anpassen«, müssen den Anweisungen Ihres Vorgesetzten genau Folge leisten. Je komplexer die Fähigkeiten sind, über die Sie verfügen, umso mehr Spielraum wird man Ihnen zugestehen, sodass Sie den Job Ihren individuellen Bedürfnissen anpassen können.

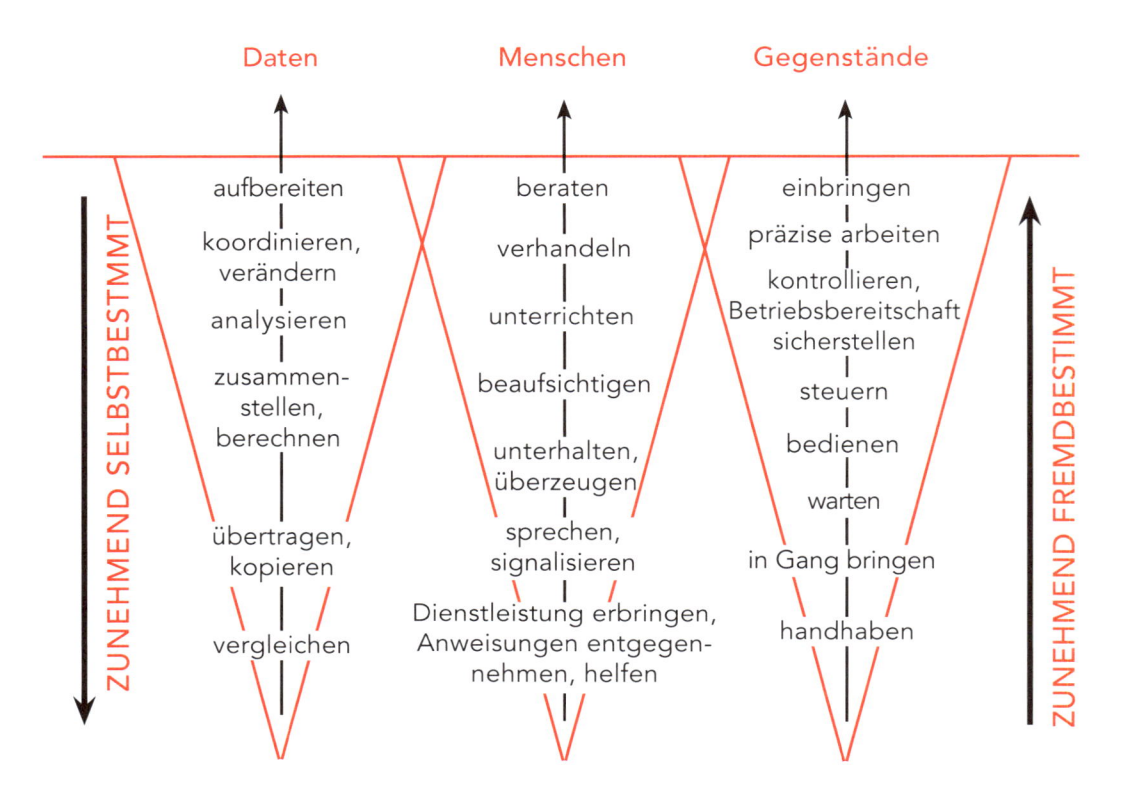

```
                    Daten            Menschen          Gegenstände
                      ↑                 ↑                  ↑
Z                  aufbereiten       beraten           einbringen              Z
U                                                                              U
N                koordinieren,     verhandeln       präzise arbeiten           N
E                  verändern                                                   E
H                                                   kontrollieren,             H
M                 analysieren      unterrichten     Betriebsbereitschaft       M
E                                                   sicherstellen              E
N                 zusammen-                                                    N
D                  stellen,        beaufsichtigen      steuern                 D
                  berechnen
S                                  unterhalten,         bedienen               F
E                                   überzeugen                                 R
L                                                                              E
B                  übertragen,       sprechen,           warten                M
S                   kopieren        signalisieren                              D
T                                                    in Gang bringen           B
B                                  Dienstleistung                              E
E                  vergleichen     erbringen,          handhaben               S
S                                  Anweisungen                                 T
T                                  entgegen-                                   I
I                                  nehmen, helfen                              M
M                                                                              M
M                                                                              T
T                                                                              ↑
↓
```

4. **Je höher Ihre übertragbaren Fähigkeiten sind, umso weniger Konkurrenz haben Sie bei der Jobsuche, denn Positionen, die solche Fähigkeiten erfordern, werden nur selten auf normalem Wege angeboten.**

   Stellenanzeigen, der Versand von Bewerbungsunterlagen oder Arbeitsagenturen sind nicht der optimale Weg für Sie. Sobald Sie Ihre bevorzugten übertragbaren Fähigkeiten und Ihre bevorzugten Fachkenntnisse identifiziert haben, sollten Sie sich an jedes Unternehmen wenden, das Ihr Interesse weckt, egal, ob dort eine freie Stelle zu besetzen ist oder nicht. Natürlich werden Sie bei solchen Unternehmen – und insbesondere bei denen, die keine Vakanzen ausgeschrieben haben – auf deutlich weniger Konkurrenten bei der Jobsuche treffen.

   Ein Arbeitgeber, der Gefallen an Ihnen gefunden hat, wird oft genug vielleicht sogar bereit sein, einen Job für Sie zu schaffen, der noch gar nicht existiert. *In diesem Fall haben Sie sogar keinen einzigen Mitbewerber, denn Sie sind der einzige Kandidat, der für die geschaffene Position infrage kommt.* Natürlich passiert so etwas nicht ständig, aber die Ausnahme ist es auch nicht. Der Grund liegt darin, dass viele Arbeitgeber sogar schon einige Zeit darüber *nachgedacht* haben, eine neue Position zu schaffen. Sie sind bisher nur noch nicht dazu gekommen, ihre Pläne in die Tat *umzusetzen*. Doch durch Ihr Auftauchen hat sich die Situation entscheidend verändert.

Er wird Sie nicht mehr gehen lassen wollen, *denn gute Mitarbeiter sind ebenso schwer zu finden wie gute Arbeitgeber.* Und mit einem Mal erinnert sich der Personalverantwortliche an die Stelle, die er seit Wochen oder Monaten schon ins Leben rufen will. Also holt er seine *Absicht* wieder aus der Versenkung hervor, schafft spontan eine neue Position und bietet sie Ihnen an! Und wenn dieser neue Job nicht nur das ist, was *das Unternehmen* braucht, sondern auch das, wonach *Sie selbst* gesucht haben, dann haben Sie einen Traumjob, von dem Sie beide hundertprozentig profitieren. Nein, das ist kein Hirngespinst von mir. Es geschieht häufig, aber nur wenn Sie wissen, wer Sie sind und wohin die Reise geht.

5. **Verwechseln Sie übertragbare Fähigkeiten nicht mit Charakterzügen!**
   Funktionale, übertragbare Fähigkeiten werden gern mit Charakterzügen, Temperament oder Persönlichkeitstypen verwechselt. Meist denkt man dabei an Begriffe wie: energisch, zupackend, gründlich, kommunikativ, entschlossen, belastbar, einfühlsam, intuitiv, beharrlich, dynamisch, verlässlich etc. Wie bereits erwähnt handelt es sich bei derlei Aussagen nicht um funktionale/übertragbare Fähigkeiten, sondern um Charakterzüge oder um die Art und Weise, wie Sie Ihre übertragbaren Fähigkeiten nutzen. Nehmen wir zum Beispiel die Eigenschaft »gründlich«. Wenn das »Durchführen von Recherche« zu Ihren übertragbaren Fähigkeiten gehört, beschreibt das Adjektiv »gründlich« die Art und Weise, wie Sie diese Recherche ausführen. Wenn Sie mehr über Ihre Charakterzüge erfahren wollen, können Sie auf eine Reihe von Tests zurückgreifen, wie zum Beispiel auf den Myers-Briggs-Typenindikator.*

Folgende Websites können Ihnen im Hinblick auf Tests und Testverfahren weiterhelfen:

Informationen über den Myers-Briggs-Typ
www.teamtechnology.co.uk/mb-intro/mb-intro.htm
Informativer Artikel über den Test in englischer Sprache

Die 16 Persönlichkeitstypen
www.personalitypage.com Diese Seite klärt über die 16 Persönlichkeitstypen auf, die Myers differenziert.

Was ist Ihr Myers-Briggs-Persönlichkeitstyp?
www.personalitypathways.com/type_inventory.html

---

* Als weiterführende Lektüre empfehlen wir zu diesem Thema: Loveday, Simon und Dölken, Bettina, *Sechzehn Persönlichkeits-Typen in der betrieblichen Praxis*. Outdoor Unlimited Training, 2. Auflage, März 2008, sowie Keirsey, David und Marilyn Bates, *Versteh mich bitte*. Prometheus Books, 1990.

Auf dieser Seite finden Sie eine hervorragende englischsprachige Einführung in das Thema.

Deutschsprachige Informationen und Tests
www.discoveryourpersonality.com/german.html Hier finden Sie den offiziellen, kostenpflichtigen Test auch in deutscher Sprache.
www.keirsey.com Dem Myers-Briggs-Test ist der von David Keirsey entwickelte »Temperament Sorter« eng verwandt. Auf dieser Seite finden Sie ihn kostenlos und in deutscher Sprache.

»Ich würde meine Fähigkeiten nicht erkennen, wenn Sie vor mir stünden und mir die Hand geben wollten.«

Sie wissen nun, was übertragbare Fähigkeiten sind. Nun stehen Sie vor der Aufgabe, herauszufinden, wie Ihre eigenen Fähigkeiten aussehen. Wenn Sie zu den wenigen glücklichen Menschen gehören, die ihre übertragbaren Fähigkeiten bereits kennen, umso besser. Schreiben Sie sie auf, ordnen Sie sie nach persönlichen Vorlieben und tragen Sie sie in das Blumendiagramm auf Seite 17 ein.

Wenn Sie Ihre übertragbaren, funktionalen Fähigkeiten aber nicht kennen (und damit zu der Mehrheit von 95 Prozent der Menschen gehören), brauchen Sie Hilfe. Glücklicherweise können wir Ihnen diese Hilfe bieten.

1. Schreiben Sie eine Geschichte (die erste von sieben)

Ja, ich weiß, ich weiß. Diese Übung können Sie eigentlich gar nicht absolvieren, weil Sie nicht gern schreiben. Das habe ich im Lauf der Jahre schon tausendmal gehört. Und ich habe es geglaubt – bis zu dem Zeitpunkt, als »Blogging« und »SMS« in Mode kamen. Heute ist eines ganz klar: Wir Menschen gehören zur »schreibenden Zunft«. Wir benötigen lediglich ein Thema, für das wir uns so richtig begeistern können oder für das wir uns interessieren, damit das schriftstellerische Genie in uns zum Vorschein kommt – egal, ob mit dem Stift oder mit der Tastatur.

Wenn Sie wollen, bezeichnen Sie Ihre *Sieben Geschichten* als Ihren persönlichen *Offline-Blog*. Aber schreiben Sie bitte! Bei Ihrer Geschichte muss es keinesfalls um die Arbeit gehen. Sie kann sich auch in Ihrer Freizeit abspielen.

Ein Beispiel vermag das zu veranschaulichen:

»Vor ein paar Jahren wollte ich mit meiner Frau und den vier Kindern in den Sommerurlaub fahren. Ich war allerdings knapp bei Kasse, sodass wir uns keinen Familienurlaub im Hotel leisten konnten. Also beschloss ich, unseren Kombi zum Wohnmobil auszubauen.

Zuerst ging ich in die Bücherei, um mir Bücher über Wohnmobile auszuleihen. Als Nächstes entwarf ich einen Plan, was ich bauen musste, um sowohl den Innenraum als auch das Dach des Kombis nutzen zu können. Dann kaufte ich das Holz, das für den Ausbau notwendig war. Während der darauffolgenden sechs Wochen baute ich an den Wochenenden in meiner Garagenauffahrt das Gehäuse für die ›zweite Etage‹ meines Kombis. Anschließend schnitt ich Türen und Fenster aus und integrierte eine Kommode mit sechs

Schubladen in das Gehäuse. Diese befestigte ich auf dem Wagendach und verschraubte sie mit dem Dachgepäckträger. Auf der Ladefläche des Kombis errichtete ich einen Tisch mit je einer Bank an der Seite.

Das Ergebnis war ein komplettes Wohnmobil Marke Eigenbau, das ich zu Beginn unserer Reise zusammenbaute und nach unserer Rückkehr wieder demontierte. Auf diese Weise konnten wir uns einen vierwöchigen Sommerurlaub leisten, ohne viel Geld auszugeben, denn wir mussten nicht im Hotel wohnen. Ich schätze, dass ich bis zu $ 1 900 an Hotelrechnungen gespart habe.«

Idealerweise sollte also jede Geschichte folgende Punkte enthalten:

1. **Ihr Ziel:** *»Vor ein paar Jahren wollte ich mit meiner Frau und den vier Kindern in den Sommerurlaub fahren.«*
2. **Irgendein Hindernis, mit dem Sie konfrontiert wurden (innerlich oder äußerlich):** *»Ich war allerdings knapp bei Kasse, sodass wir uns keinen Familienurlaub im Hotel leisten konnten.«*
3. **Eine Beschreibung der einzelnen, von Ihnen unternommenen Schritte:** *»Also beschloss ich, unseren Kombi zum Wohnmobil auszubauen. Zuerst ging ich in die Bücherei, um mir Bücher über Wohnmobile auszuleihen. Als Nächstes entwarf ich einen Plan, was ich bauen musste, um sowohl den Innenraum als auch das Dach des Kombis nutzen zu können. Dann kaufte ich das Holz, das für den Ausbau notwendig war. Während der darauffolgenden sechs Wochen …«* etc. etc.

Die Fähigkeit, die mein Talent ausmachen

4. **Eine Beschreibung des Ergebnisses:** »*Auf diese Weise konnten wir uns einen vierwöchigen Sommerurlaub leisten, ohne viel Geld auszugeben, denn wir mussten nicht im Hotel wohnen.*«
5. **Eine Aussage, die den Erfolg messbar macht:** »*Ich schätze, dass ich bis zu $ 1900 an Hotelrechnungen gespart habe.*«

Schreiben Sie nun Ihre eigene Geschichte, wobei Sie sich an dem obigen Beispiel orientieren können.

Auf den folgenden Seiten finden Sie ein Formular, das Ihnen beim Schreiben *Ihrer* Geschichte helfen soll. Nehmen Sie ein weiteres Blatt Papier zu Hilfe, wenn Sie mehr Platz brauchen.

Dabei sollten Sie nicht unbedingt eine Geschichte wählen, in der Sie etwas Großes erreicht haben. Für den Anfang reicht es, wenn Sie eine Situation beschreiben, in der Sie einfach nur Ihren Spaß hatten!

Und es ist auch nicht nötig, sich kurz zu fassen. Schließlich sind wir hier nicht bei Twitter.

Wenn Ihnen absolut keine Erlebnisse in den Sinn kommen, bei denen Sie Spaß und Erfolg miteinander kombinieren konnten, probieren Sie Folgendes aus: Beschreiben Sie die sieben schönsten Jobs, die Sie jemals hatten, oder die sieben Rollen, die Sie bislang im Leben hatten, wie z. B.: Ehefrau, Mutter, Köchin, Hausfrau, ehrenamtliche Mitarbeiterin in der Gemeinde, Bürgerin, Schneiderin, Studentin etc. Schildern Sie, was Sie in jeder Rolle geleistet haben.

2. Analysieren Sie Ihre Geschichte im Hinblick auf Ihre übertragbaren Fähigkeiten.

Notieren Sie im »Inventar der übertragbaren Fähigkeiten« auf Seite 50 den Titel Ihrer ersten Geschichte, und zwar über der Nummer 1. Dann gehen Sie die Spalte unter der Nummer 1 durch, wobei Sie sich jedes Mal die Frage stellen sollten: »Habe ich diese spezielle übertragbare Fähigkeit *in dieser Geschichte* tatsächlich eingesetzt?«

Lautet die Antwort »Ja«, markieren Sie das Kästchen unter der Nummer 1, z. B. mit einem Rotstift.

Arbeiten Sie sich auf diese Weise durch das gesamte Inventar der übertragbaren Fähigkeiten hindurch. Konzentrieren Sie sich bei der Beantwortung der Fragen ausschließlich auf diese erste Geschichte. Und dann ist es so weit! Sie sind mit Geschichte Nr. 1 fertig. Aber wie heißt es so schön? »Eine Schwalbe macht noch keinen Sommer.« Die Tatsache, dass Sie bestimmte Fähigkeiten in dieser ersten Geschichte benutzt haben, sagt uns noch nicht allzu viel. Schließlich besteht Ihr Ziel darin, ein Muster herauszufinden – ein Muster aus übertragbaren Fähigkeiten, die in sämtlichen Ihrer Geschichten wieder auftauchen, und zwar deshalb, weil es sich um Ihre bevorzugten Fähigkeiten handelt (denn wir gehen ja davon aus, dass Sie Geschichten gewählt haben, bei denen Sie sich *wirklich* wohlgefühlt haben).

3. Schreiben Sie nun nach und nach sechs weitere Geschichten auf und untersuchen Sie sie jeweils auf übertragbare Fähigkeiten

Schreiben Sie nun Geschichte Nr. 2 aus irgendeiner Phase Ihres Lebens auf. Analysieren Sie auch diese mithilfe des oben genannten Schemas. Fahren Sie auf diese Weise fort, bis Sie sieben Geschichten geschrieben und analysiert haben.

MEINE ERSTE LIFE-STORY

Ihr Ziel (was Sie erreichen wollten):

Irgendein Hindernis (eine Grenze, Hürde oder Auflage), das Sie erst überwinden mussten, bevor Sie aufs Ziel lossteuerten:

Ihre einzelnen Handlungsschritte (Vielleicht hilft es an dieser Stelle, wenn Sie so tun, als wollten Sie die Geschichte einem vierjährigen Kind erzählen, das Sie nach jedem Satz unaufhörlich mit der Frage ›Und dann? Und dann? Und dann?‹ löchert.):

Beschreibung des Ergebnisses (was Sie erreicht haben):

Eine messbare Größe, um Ihre Leistung zu bewerten:

Die Fähigkeit, die mein Talent ausmachen

INVENTAR DER ÜBERTRAGBAREN FÄHIGKEITEN

Ihre sieben Geschichten

Im linken Bereich notieren Sie über jeder Zahl den Titel einer jeden Geschichte. Beginnen Sie mit Geschichte Nr. 1. Nachdem Sie sie niedergeschrieben haben, ersinnen Sie eine Überschrift. Tragen Sie diese über der Nr. 1 ein.

1	2	3	4	5	6	7	**Fähigkeiten im Umgang mit Menschen: Wie meine Geschichte zeigt, kann ich ...**
							etwas in Gang bringen, führen, Vorreiter sein
							beaufsichtigen, managen
							etwas zu Ende führen, durchziehen
							motivieren
							überzeugen, verkaufen, werben
							zu Rate ziehen
							beraten
							koordinieren
							verhandeln, Konflikte lösen
							Kontakte zwischen Menschen schaffen
							heilen
							einschätzen, evaluieren, klären
							warmherzig und einfühlsam auf andere eingehen
							befragen, Menschen aus der Reserve locken
							das Selbstwertgefühl anderer steigern
							Anweisungen geben
							lehren, coachen, trainieren (Einzelpersonen, Gruppen, Tiere)
							sprechen
							zuhören
							beraten, führen, betreuen
							auf persönlicher Ebene gut kommunizieren
							auf schriftlicher Ebene gut kommunizieren
							ablenken, amüsieren, unterhalten, vorführen, schauspielern
							ein Instrument spielen
							übersetzen, sprechen oder lesen in einer Fremdsprache
							dienen, umsorgen, Anweisungen sorgfältig ausführen
1	2	3	4	5	6	7	**Fähigkeiten im Umgang mit Daten, Ideen: Wie meine Geschichte zeigt, kann ich ...**
							meine Intuition nutzen
							etwas schaffen, etwas erfinden, mir etwas ausdenken

1	2	3	4	5	6	7	Fähigkeiten im Umgang mit Daten, Ideen: Wie meine Geschichte zeigt, kann ich … (Fortsetzung)
							designen, künstlerische Fähigkeiten nutzen, originell sein
							mir etwas vorstellen, auch auf dreidimensionaler Ebene
							meine Fantasie nutzen
							mein Gehirn nutzen
							etwas zusammenfassen, Teile zu einem Ganzen zusammenfügen
							systematisieren, priorisieren
							organisieren, klassifizieren
							Muster erkennen
							analysieren, in Einzelteile herunterbrechen
							mit Zahlen arbeiten, berechnen
							mich an Menschen oder Daten in ungewöhnlichem Maße erinnern
							entwickeln, verbessern
							Probleme lösen
							planen
							programmieren
							recherchieren
							erforschen, inspizieren, vergleichen, Ähnlichkeiten und Unterschiede erkennen
							Details wahrnehmen
							scharf wahrnehmen (über Gehör, Geruchssinn, Tastsinn oder Gesichtssinn)
							beobachten
							zusammenstellen, Aufzeichnungen machen, ablegen, archivieren, ordnen
							kopieren und nachbilden
1	2	3	4	5	6	7	Fähigkeiten im Umgang mit Dingen oder meinem bevorzugten Medium: Wie meine Geschichte zeigt, kann ich …
							kontrollieren, Dinge vorantreiben
							herstellen, produzieren, machen
							reparieren
							fertigstellen, restaurieren, erhalten
							erschaffen, erbauen
							formen, modellieren, bildhauerisch gestalten
							schnitzen, schneiden, meißeln
							errichten, einrichten
							handhaben, warten
							steuern, in Betrieb nehmen
							bedienen
							Körper, Hände, Finger besonders geschickt oder stark einsetzen

Die Fähigkeit, die mein Talent ausmachen

Wenn es Ihnen schwerfällt, sich sieben Geschichten aus den Fingern zu saugen, sollten Sie sich anschauen, wie andere eine oder mehrere ihrer Geschichten auswählen:*

Im Rückblick erkenne ich, dass ich eine Geschichte gewählt habe, die:

- sich vom Rest meines Lebens als ungewöhnlich abhebt
- meine Fähigkeiten öffentlich sichtbar macht
- auf einem Gebiet stattfindet (Freizeit, Lernen etc.), das nichts mit meiner Arbeit zu tun hat
- mir nur wegen des Ergebnisses im Gedächtnis haften blieb
- eine Herausforderung darstellte und mich stolz machte, weil es sich um etwas handelte, das:
  - ich vorher nicht tun konnte
  - meine Freunde nicht tun konnten
  - ich eigentlich gar nicht tun können sollte
  - meiner Vorstellung nach nur mein Vater oder meine Mutter tun konnte
  - sonst nur autorisierte und ausgebildete Experten konnten
  - ich laut Urteil eines anderen Menschen nie würde schaffen können
  - meine Altersgenossen nicht getan haben oder nicht konnten
  - nur die Besten/Begabtesten tun konnten, oder noch nicht einmal sie
  - für das ich nicht den richtigen Abschluss oder die richtige Ausbildung hatte
  - normalerweise nur Angehörige des anderen Geschlechts tun
- ich gern noch einmal erleben würde:
  - in einem ähnlichen/einem anderen Rahmen
  - mit ähnlichen/anderen Menschen
  - zur Abwechslung ehrenamtlich/zur Abwechslung für Geld
- ich aufregend fand, weil:
  - ich so etwas zuvor noch nie getan hatte
  - es verboten war
  - es mit körperlichem Risiko einherging
  - es mit finanziellem Risiko einherging
  - es noch nie jemand getan hat
  - es lange und dauerhafte (körperliche/geistige) Anstrengung erforderte
  - ich nun mit jemandem quitt bin
- ich gern erlebt habe, weil:
  - ich diese Art von Tätigkeit liebe
  - die Menschen, mit denen ich zu tun hatte, sehr nett waren
  - es mich nichts gekostet hat
- die beruflichen Ziele, die ich mir bereits gesetzt habe, unterstützt und rechtfertigt

---

* Copyright © 1978, Daniel Porot.

MEINE ZWEITE LIFE-STORY

Ihr Ziel (was Sie erreichen wollten):

Irgendein Hindernis (eine Grenze, Hürde oder Auflage), das Sie erst überwinden mussten, bevor Sie aufs Ziel lossteuerten:

Ihre einzelnen Handlungsschritte (Vielleicht hilft es an dieser Stelle, wenn Sie so tun, als wollten Sie die Geschichte einem vierjährigen Kind erzählen, das Sie nach jedem Satz unaufhörlich mit der Frage ›Und dann? Und dann? Und dann?‹ löchert.):

Beschreibung des Ergebnisses (was Sie erreicht haben):

Eine messbare Größe, um Ihre Leistung zu bewerten:

Die Fähigkeit, die mein Talent ausmachen • 53

MEINE DRITTE LIFE-STORY

Ihr Ziel (was Sie erreichen wollten):

Irgendein Hindernis (eine Grenze, Hürde oder Auflage), das Sie erst überwinden mussten, bevor Sie aufs Ziel lossteuerten:

Ihre einzelnen Handlungsschritte (Vielleicht hilft es an dieser Stelle, wenn Sie so tun, als wollten Sie die Geschichte einem vierjährigen Kind erzählen, das Sie nach jedem Satz unaufhörlich mit der Frage ›Und dann? Und dann? Und dann?‹ löchert.):

Beschreibung des Ergebnisses (was Sie erreicht haben):

Eine messbare Größe, um Ihre Leistung zu bewerten:

MEINE VIERTE LIFE-STORY

Ihr Ziel (was Sie erreichen wollten):

Irgendein Hindernis (eine Grenze, Hürde oder Auflage), das Sie erst überwinden mussten, bevor Sie aufs Ziel lossteuerten:

Ihre einzelnen Handlungsschritte (Vielleicht hilft es an dieser Stelle, wenn Sie so tun, als wollten Sie die Geschichte einem vierjährigen Kind erzählen, das Sie nach jedem Satz unaufhörlich mit der Frage ›Und dann? Und dann? Und dann?‹ löchert.):

Beschreibung des Ergebnisses (was Sie erreicht haben):

Eine messbare Größe, um Ihre Leistung zu bewerten:

Die Fähigkeit, die mein Talent ausmachen

MEINE FÜNFTE LIFE-STORY

Ihr Ziel (was Sie erreichen wollten):

Irgendein Hindernis (eine Grenze, Hürde oder Auflage), das Sie erst überwinden mussten, bevor Sie aufs Ziel lossteuerten:

Ihre einzelnen Handlungsschritte (Vielleicht hilft es an dieser Stelle, wenn Sie so tun, als wollten Sie die Geschichte einem vierjährigen Kind erzählen, das Sie nach jedem Satz unaufhörlich mit der Frage ›Und dann? Und dann? Und dann?‹ löchert.):

Beschreibung des Ergebnisses (was Sie erreicht haben):

Eine messbare Größe, um Ihre Leistung zu bewerten:

MEINE SECHSTE LIFE-STORY

Ihr Ziel (was Sie erreichen wollten):

Irgendein Hindernis (eine Grenze, Hürde oder Auflage), das Sie erst überwinden mussten, bevor Sie aufs Ziel lossteuerten:

Ihre einzelnen Handlungsschritte (Vielleicht hilft es an dieser Stelle, wenn Sie so tun, als wollten Sie die Geschichte einem vierjährigen Kind erzählen, das Sie nach jedem Satz unaufhörlich mit der Frage ›Und dann? Und dann? Und dann?‹ löchert.):

Beschreibung des Ergebnisses (was Sie erreicht haben):

Eine messbare Größe, um Ihre Leistung zu bewerten:

Die Fähigkeit, die mein Talent ausmachen

MEINE SIEBTE LIFE-STORY

Ihr Ziel (was Sie erreichen wollten):

Irgendein Hindernis (eine Grenze, Hürde oder Auflage), das Sie erst überwinden mussten, bevor Sie aufs Ziel lossteuerten:

Ihre einzelnen Handlungsschritte (Vielleicht hilft es an dieser Stelle, wenn Sie so tun, als wollten Sie die Geschichte einem vierjährigen Kind erzählen, das Sie nach jedem Satz unaufhörlich mit der Frage ›Und dann? Und dann? Und dann?‹ löchert.):

Beschreibung des Ergebnisses (was Sie erreicht haben):

Eine messbare Größe, um Ihre Leistung zu bewerten:

4. Muster und Prioritäten

Nachdem Sie Ihre Bestandsaufnahme für alle sieben Leistungen/Jobs/Rollen etc. gemacht haben, sollten Sie Muster und Prioritäten herausfiltern.

a. Sie suchen nach Mustern, denn es geht ja nicht darum, dass Sie eine Fähigkeit nur ein einziges Mal, sondern vielmehr immer wieder benutzen. »Einmal« hat nichts zu bedeuten, »immer wieder« ist erheblich überzeugender.
b. Suchen Sie nach Prioritäten (beantworten Sie also die Frage, welche Fähigkeiten Ihnen am wichtigsten sind), denn in dem Job, für den Sie sich letztlich entscheiden, können Sie vielleicht nicht sämtliche Fähigkeiten zum Einsatz bringen. Sie müssen sich darüber im Klaren sein, worauf Sie gegebenenfalls verzichten können und worauf nicht. Dazu müssen Sie die Fähigkeiten oder Gruppen von Fähigkeiten genau kennen, die für Sie von Bedeutung sind.

Nachdem Sie Ihre sieben (oder, wenn Sie es eilig hatten, fünf) Geschichten beendet haben, schauen Sie sich Ihr Inventar der übertragbaren Fähigkeiten auf den Seiten 50 ff. noch einmal an und picken Sie nach Geschmack oder Intuition Ihre zehn bevorzugten Fähigkeiten heraus. Wählen Sie dabei nicht diejenigen, die Ihnen mutmaßlich die besten Chancen auf dem Arbeitsmarkt versprechen, sondern wirklich die, deren Ausübung Sie am meisten befriedigt. Diese zehn tragen Sie in Abschnitt A der Entscheidungsmatrix auf der folgenden Seite ein und ordnen sie nach Priorität.

Sobald Sie mit Abschnitt D fertig sind, übertragen Sie die Ergebnisse in die unten abgebildete Grafik und auf Ihr Blütenblatt mit dem Titel *Meine bevorzugten übertragbaren Fähigkeiten* auf Seite 17.

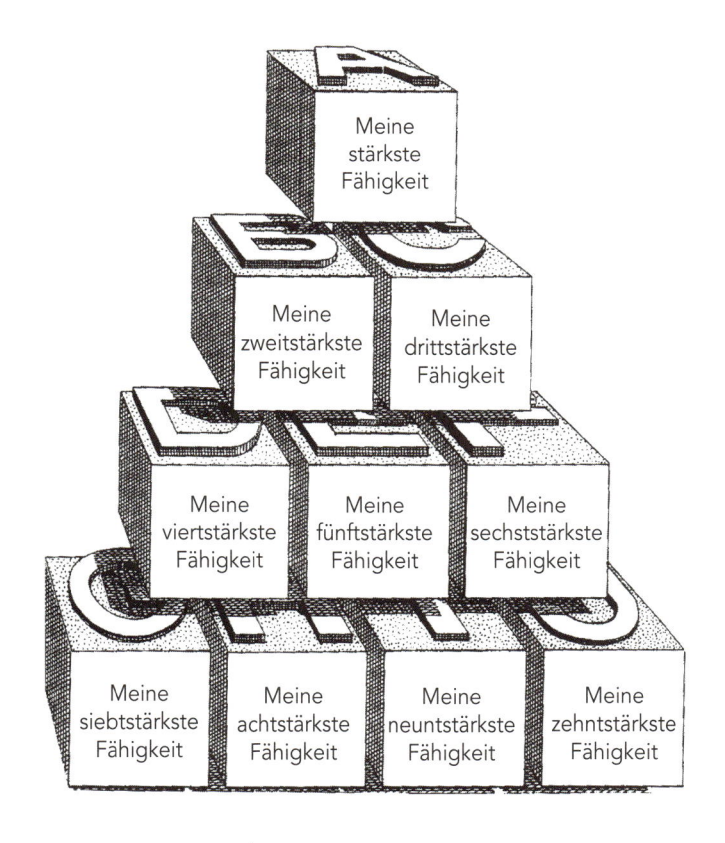

(freiwillig auszufüllen)

ENTSCHEIDUNGSMATRIX FÜR 10 ODER WENIGER MERKMALE

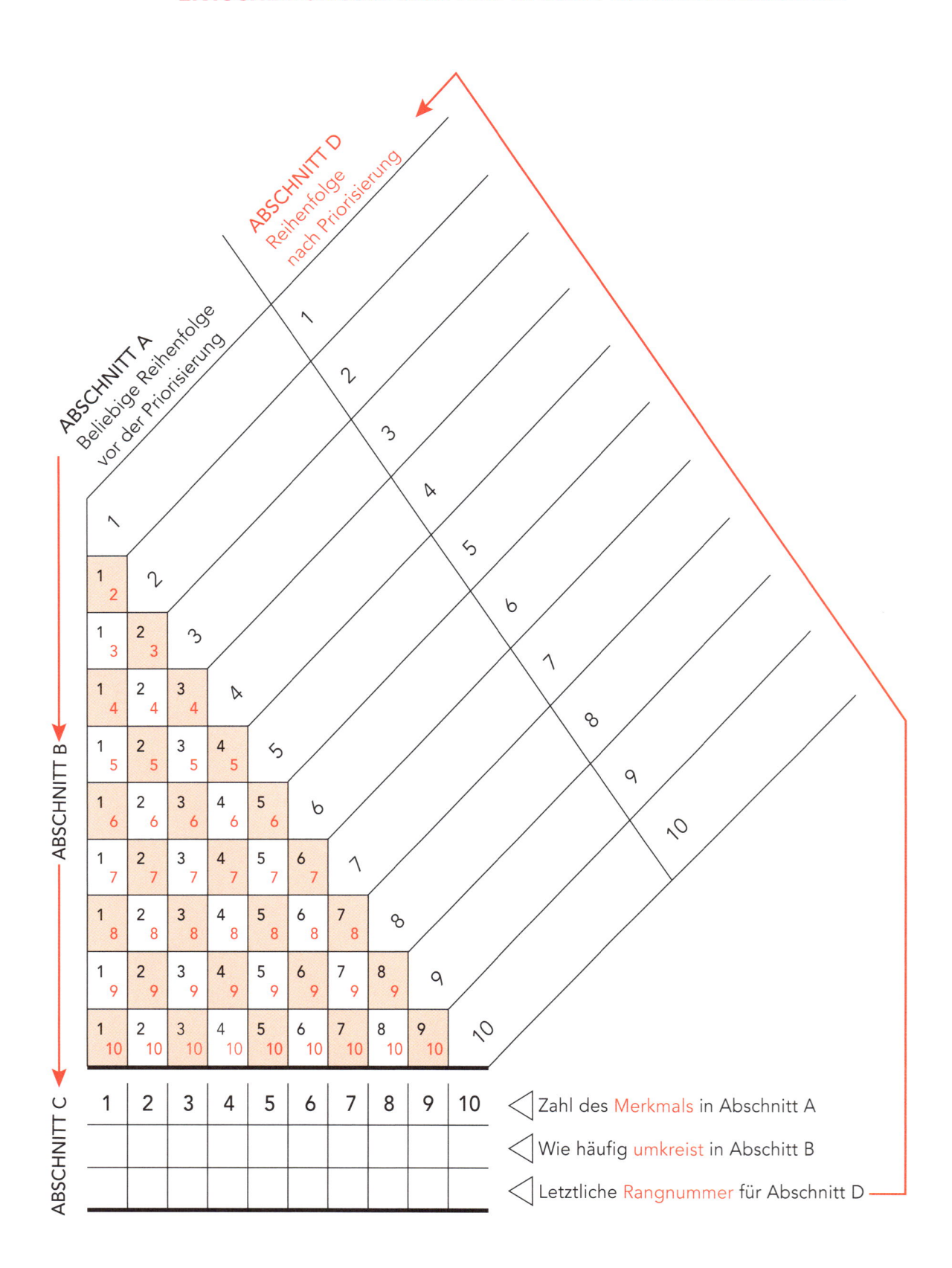

ABSCHNITT D Reihenfolge nach Priorisierung

ABSCHNITT A Beliebige Reihenfolge vor der Priorisierung

ABSCHNITT B

ABSCHNITT C

◁ Zahl des Merkmals in Abschnitt A
◁ Wie häufig umkreist in Abschnitt B
◁ Letztliche Rangnummer für Abschnitt D

Copyright © Richard N. Bolles. Alle Rechte vorbehalten

60 • Das Workbook

5. Ergänzen Sie Ihre bevorzugten übertragbaren Fähigkeiten durch Ihre Charakterzüge

Mit dem Thema Persönlichkeitsmerkmale haben wir uns ja bereits beschäftigt. Solche Charakteristika beschreiben zum Beispiel die Art und Weise,

- wie Sie sich die Zeit einteilen und wie zügig Sie Aufgaben abwickeln
- wie Sie mit Menschen und ihren Gefühlen umgehen
- wie Sie mit Autoritäten umgehen und damit, dass man Ihnen sagt, was Sie zu tun haben
- wie Sie mit Supervision umgehen und damit, dass man Ihnen sagt, wie Sie Ihre Arbeit zu tun haben
- wie es um Ihre Impulskontrolle und Selbstdisziplin bestellt ist
- wie es um Ihre Eigeninitiative und Ihre Reaktivität bestellt ist
- wie Sie Krisen und Probleme bewältigen.

Checkliste Ihrer ausgeprägtesten Charakterzüge
Ich bin sehr:

❏ abenteuerlustig	❏ eigenständig	❏ kompetent	☒ sensibel
☒ anpassungsfähig	❏ einfallsreich	❏ kontaktfreudig	❏ sicherheitsbewusst
❏ antriebsstark	❏ einzigartig	❏ kooperativ	❏ sorgfältig
☒ aufgeschlossen	❏ empfänglich	❏ kostenbewusst	❏ standhaft
❏ aufmerksam	❏ energisch	❏ kreativ	❏ stark
❏ ausdauernd	❏ enthusiastisch	❏ leistungsorientiert	❏ systematisch
❏ außergewöhnlich	❏ entschieden	❏ loyal	❏ taktvoll
❏ begeisterungsfähig	❏ entschlossen	❏ menschlich	❏ überlegt
❏ beharrlich	❏ erfahren	❏ mutig	❏ unabhängig
❏ beschützend	❏ fachkundig	❏ objektiv	❏ ungewöhnlich
❏ besonnen	❏ flexibel	❏ praktisch	❏ unterstützend
❏ beständig	❏ flink	❏ professionell	☒ verantwortungs-
☒ charismatisch	❏ geduldig	❏ pünktlich	bewusst
❏ diplomatisch	❏ genau	❏ rational	☒ verlässlich
❏ diskret	❏ gewissenhaft	❏ realistisch	❏ versiert
❏ durchsetzungs-	❏ gründlich	❏ ruhig	❏ verständnisvoll
fähig	❏ gut gelaunt	❏ sachkundig	❏ vielseitig
❏ dynamisch	❏ impulsiv	❏ scharfsinnig	❏ vorsichtig
❏ effektiv	❏ innovativ	❏ schnell (mit der	
❏ eigenmotiviert	❏ klug	Arbeit)	

Sie sollten die Beschreibung Ihrer sechs oder mehr bevorzugten Fähigkeiten mit diesen Adjektiven ausschmücken, damit Sie jede Ihrer Begabungen mit mehr als nur einem Verb beschreiben können. Nehmen wir zum Beispiel die Fähigkeit, etwas zu *organisieren*. Sie berichten stolz: »Ich kann gut organisieren.« Das ist schon einmal ein guter Anfang, sagt aber unglücklicherweise nicht allzu viel aus. Was organisieren Sie denn? Größere Veranstaltungen mit vielen Menschen? Schrauben und Muttern auf einer Werkbank? Oder eine Fülle von Informationen am Computer? Das sind drei vollkommen unterschiedliche Fähigkeiten. Der Begriff *organisieren* sagt also nichts darüber aus, welche davon Sie besitzen.

Deshalb ist es wichtig, dass Sie Ihre bevorzugten übertragbaren Fähigkeiten konkretisieren, beispielsweise mit einem Objekt – mit Daten/Informationen/Menschen oder an etwas anderem. Sodann fügen Sie noch einen Charakterzug hinzu (als Adverb oder Adjektiv).

Warum Adjektive? Nun »Ich bin gut darin, Informationen gewissenhaft und logisch zu organisieren« und »Ich bin gut darin, Informationen spontan und intuitiv zu organisieren« sind zwei vollkommen unterschiedliche Fähigkeiten. Der Unterschied manifestiert sich weder im Objekt noch im Verb, sondern vielmehr letztlich durch die Adverbien.

Erweitern Sie die Definition von sechs oder mehr Ihrer bevorzugten Fähigkeiten auf die von mir soeben beschriebene Weise und notieren Sie das Ergebnis in dem entsprechenden Blütenblatt *Meine bevorzugten übertragbaren Fähigkeiten* auf Seite 17.

> Wenn Sie erklären können wollen, was Sie von den 19 anderen Mitbewerbern mit den gleichen Fähigkeiten unterscheidet, ist es häufig das Adjektiv oder Adverb, das diesen Unterschied am genauesten umreißt.

Und nun zu einer weiteren Facette Ihrer Persönlichkeit.

Blütenblatt 4

Die Arbeitsbedingungen, die ich mir wünsche

Meine bevorzugten Arbeitsbedingungen

Pflanzen, die auf Meereshöhe wachsen und gedeihen, gehen im Hochgebirge oft ein. Genauso können wir Menschen unter bestimmten Bedingungen hervorragende Arbeit leisten, während wir unter anderen scheitern. Die Frage »Wie sehen Ihre bevorzugten Arbeitsbedingungen aus?« müsste also vielmehr lauten: »Unter welchen Umständen arbeiten Sie am effektivsten?«

Die beste Methode besteht darin, sich erst einmal zu fragen, welche Faktoren Ihnen bei vorherigen Jobs *missfielen*, wobei Sie die folgende Tabelle nutzen können. Wenn Sie wollen, können Sie sie auf ein Blatt Papier übertragen, bevor Sie sie ausfüllen. *Die Spalte A kann dann Einträge wie »zu laut«, »zu viel Aufsicht«, »keine Fenster«, »Arbeitsbeginn um 6 Uhr morgens« enthalten.*

Wenn Sie Schwierigkeiten haben, Ihre Liste aus Spalte A nach Priorität zu ordnen und Ihr Ergebnis in Spalte B einzutragen, empfehle ich Ihnen auch hier die Entscheidungsmatrix auf Seite 66. (Eine Anleitung, wie sie zu nutzen ist, finden Sie auf Seite 33). Diesmal müssen Sie sich beim Vergleich eines jeden Gegensatzpaares die Frage stellen: »Nehmen wir an, ich hätte zwei Jobangebote: Wenn ich beim ersten Job meine unbeliebteste Arbeitsbedingung hinter mir lassen könnte, aber nicht die zweitunbeliebteste, während ich beim zweiten Jobangebot mein zweitunbeliebteste Arbeitsbedingung loswürde, aber nicht die erste, welchen Job würde ich annehmen?«

UNANGENEHME ARBEITSBEDINGUNGEN

	Spalte A — **Unangenehme Arbeitsbedingungen**
Firmen, in denen ich bislang tätig war	Ich habe aus der Vergangenheit gelernt, dass meine Effektivität am Arbeitsplatz abnimmt, wenn ich unter folgenden Bedingungen arbeiten muss.

UNANGENEHME ARBEITSBEDINGUNGEN

Spalte B — Rangordnung der unangenehmen Arbeitsbedingungen	Spalte C + Der Schlüssel zu meiner Effektivität bei der Arbeit
Unter den Merkmalen oder Eigenschaften, die ich in Spalte A aufgelistet habe, sind mir die folgenden am meisten verhasst.	Ich glaube, dass ich am Arbeitsplatz immer das absolute Maximum erreichen sollte. Das könnte ich, wenn ich unter folgenden Bedingungen arbeiten würde. (Gegenteil der in Spalte B genannten Faktoren, in entsprechender Reihenfolge.)
1a.	1b.
2a.	2b.
3a.	3b.
4a.	4b.
5a.	5b.
6a.	6b.
7a.	7b.
8a.	8b.
9a.	9b.
10a.	10b.

Die Arbeitsbedingungen, die ich mir wünsche

ENTSCHEIDUNGSMATRIX FÜR 10 ODER WENIGER MERKMALE

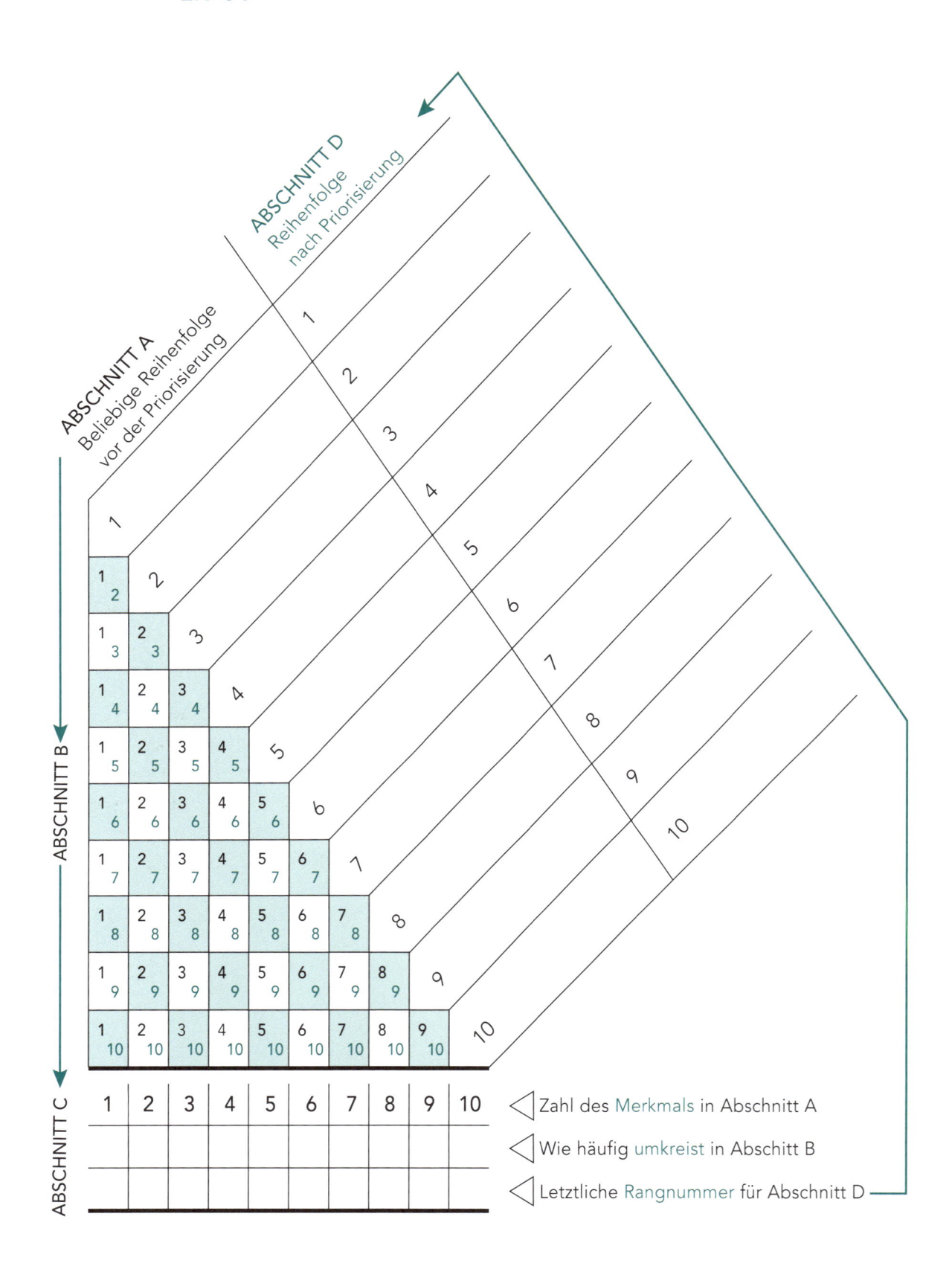

ABSCHNITT D
Reihenfolge nach Priorisierung

ABSCHNITT A
Beliebige Reihenfolge vor der Priorisierung

ABSCHNITT B

ABSCHNITT C

◁ Zahl des Merkmals in Abschnitt A
◁ Wie häufig umkreist in Abschnitt B
◁ Letztliche Rangnummer für Abschnitt D

Copyrigt © Richard N. Bolles. Alle Rechte vorbehalten

66 • Das Workbook

> **Mein Blütenblatt »Meine bevorzugten Arbeitsbedingungen«**
>
> **Ziel beim Ausfüllen dieses Blütenblattes:** Sie wollen festhalten, welche Arbeitsbedingungen und welche Umgebung Sie am glücklichsten machen und es Ihnen ermöglichen würden, Ihre Arbeit am effektivsten durchzuführen.
>
> **Wonach Sie suchen:** Sie wollen schlechte Erfahrungen aus der Vergangenheit vermeiden.
>
> **Die Form Ihrer Eintragungen auf diesem Blütenblatt:** Schlagwörter, die Ihre physische Umgebung beschreiben.
>
> **Beispiel für ein gutes Blütenblatt:** *Ein Arbeitsplatz mit vielen Fenstern, ein hübscher Ausblick ins Grüne, relativ ruhig, eine angemessene Mittagspause, flexible Arbeitszeiten, viele Geschäfte in der Nähe.*
>
> **Beispiel für ein schlechtes Blütenblatt:** *Verständnisvoller Chef, gute Kollegen, Kunden, mit denen man gern zusammenarbeitet.* Warum schlecht? Die genannten Eigenschaften gehören auf das Blütenblatt *Mein bevorzugtes soziales Umfeld*. Hier haben diese Aussagen nichts zu suchen, denn an dieser Stelle beschreiben Sie nur die konkrete Gestaltung Ihres Arbeitsplatzes. Natürlich ist es *Ihr* Blumendiagramm, also können Sie letztlich mit den Informationen auf Ihren Blütenblättern verfahren, wie Sie wollen. Wenn Sie aber Klarheit in Ihre Gedanken bringen wollen, ist es nützlich, zwischen den Fragen »Wie soll mein Arbeitsplatz aussehen?« und »Mit wem will ich zusammenarbeiten?« zu differenzieren.

Wie sehen Ihre Prioritäten in Abschnitt D denn nun aus? Übertragen Sie die exakte Liste in Spalte B Ihrer Tabelle mit dem Titel »Unangenehme Arbeitsbedingungen« auf Seite 65.

Nachdem Sie die Liste in Spalte B fertiggestellt haben und nach dem Grad der Unannehmlichkeit geordnet haben, wenden Sie sich Spalte C zu und notieren Sie dort direkt daneben das Gegenteil oder etwas, das dem Gegenteil aus Spalte B nahekommt.

Übertragen Sie die ersten fünf Punkte aus Spalte C in Ihr Blütenblatt *Meine bevorzugten Arbeitsbedingungen* im Blumendiagramm auf Seite 17.

Und nun erneut zu einer weiteren Facette Ihrer Persönlichkeit.

Blütenblatt 5

Position und Gehalt, die ich anstrebe

Meine bevorzugte Gehaltsspanne

Geld ist wichtig. Sonst müssten wir unsere Nahrung, unsere Kleidung und unsere Wohnung durch Tauschhandel sichern. Falls wir also nicht über ein großes Vermögen oder über Ersparnisse verfügen, denken wir als Arbeitslose unweigerlich: »Was muss ich tun, damit ich genug Geld habe, damit ich selbst und mein Partner (wenn ich einen habe) oder meine Familie etwas zu essen, Kleidung und ein Dach über dem Kopf haben?«

Glück ist ebenfalls wichtig. Vielleicht haben wir uns ja schon einmal die Frage gestellt: »Wie viel muss ich wirklich verdienen, damit ich im Leben wirklich glücklich bin?«

Gibt es zwischen diesen beiden Faktoren – Geld und Glück – eine Verbindung? Kann man sich Glück erkaufen?

Erwiesenermaßen kann man das durchaus. Zumindest teilweise. Im Rahmen einer Studie aus dem Jahr 2010 wurde 450 000 US-Bürgern ein täglicher Fragebogen zur Beantwortung vorgelegt. Die Auswertung ergab, dass sie Tag für Tag umso unglücklicher waren, je weniger Geld sie verdienten*. Das überrascht natürlich nicht. Und offensichtlich neigten sie zu umso mehr Glücksgefühlen, je mehr Geld sie prozentual gesehen verdienten. *Gemessen wurde die Häufigkeit und Intensität ihres Lächelns, des Lachens, der Zuneigung und der täglichen Freude. Dem standen Augenblicke der Trauer, der Sorge und des Stress gegenüber.*

Mit Geld kann man sich also durchaus Glück kaufen. Aber nur bis zu einem gewissen Punkt, der bei einem Jahreseinkommen von etwa 55 000 Euro liegt. Im Jahre 2010 betrug

---

* Die Studie wurde von Daniel Kahneman und Angus Deatun durchgeführt und publiziert in: *Proceedings of the National Academy of Sciences.* Early Edition, 6. September 2010.

der Arbeitslohn je Arbeitnehmer durchschnittlich 27 997 Euro brutto*. Wenn Personen mehr als jene 55 000 Euro verdienen, so erhöht das natürlich durchaus die *Zufriedenheit* mit ihrem Leben, aber es steigert keineswegs ihr *Glücksgefühl*. Sie beklagen sich darüber, weniger Zeit für Angehörige und Freunde, weniger Zeit für Freizeitaktivitäten oder die kleinen Freuden des Alltags zu haben. Glück hängt genau von diesen Kleinigkeiten ab, ebenso wie von anderen Faktoren: einer guten Gesundheit, einer liebevollen Beziehung, liebevollen Freunden, dem Gefühl, kompetent zu sein, auf einem bestimmten Gebiet die Kontrolle zu haben sowie von Respekt, Lob oder sogar Liebe, weil wir in dem, was wir tun, wirklich gut sind.

Dieses Blütenblatt kann also nicht isoliert ausgefüllt werden. Es ist untrennbar mit anderen Blütenblättern verbunden – insbesondere mit dem, was Sie gern tun und wo Sie es gern tun.

Dennoch müssen Sie sich im Hinblick auf Ihren Traumberuf frühzeitig Gedanken über das Gehalt machen. Und die Gehaltsfrage geht natürlich Hand in Hand mit der jeweiligen Position.

Mein Blütenblatt »Position und Gehalt«

Ziel beim Ausfüllen dieses Blütenblattes: Sie wollen sich ein realistisches Bild davon machen, wie viel Geld Sie in dem Job, den Sie finden, verdienen müssen oder verdienen wollen.

Wonach Sie suchen: Sie haben eine bestimmte Gehaltsspanne im Auge, denn die meisten Arbeitgeber denken nicht an eine konkrete Zahl, sondern an eine Bandbreite. Bei den mit Sicherheit auf Sie zukommenden Gehaltsverhandlungen streben Sie an, dass die niedrigste Zahl der von Ihnen angestrebten Gehaltsspanne sich ungefähr dort bewegt, wo der potenzielle Arbeitgeber den Höchstbetrag ansiedelt.

Die Form Ihrer Eintragungen auf diesem Blütenblatt: Sie tragen hier den notwendigen Gesamtbetrag ein, den Sie wöchentlich, monatlich oder jährlich benötigen. Am besten in Tausendern.

Beispiel für ein gutes Blütenblatt: *55 000 bis 62 000 Euro*
Beispiel für ein schlechtes Blütenblatt: *100 000 Euro.*
Warum schlecht? Sie haben keine Bandbreite angegeben, und das ist unbedingt erforderlich. Außerdem ist das Gehalt zu hoch, es sei denn, Sie können auf dem Blütenblatt den Grund dafür angeben, warum ein so hohes Einkommen erwartet und gerechtfertigt ist.

1. Die erste Frage lautet also: Welche Position möchten Sie in Ihrem Traumjob bekleiden? Die Position ist eng mit der Überlegung verknüpft, wie viel Verantwortung Sie innerhalb eines Unternehmens tragen wollen.

---

* Siehe hierzu: http://de.statista.com/statistik/daten/studie/164047/umfrage/jahresarbeitslohn-in-deutschland-seit-1960/

❑ Chef oder Geschäftsführer (das könnte bedeuten, dass Sie Ihr eigenes Unternehmen gründen müssen)
❑ Manager oder Führungskraft, der bzw. die dem Chef direkt unterstellt ist
❑ Teamleiter
❑ gleichberechtigtes Teammitglied
❑ jemand, der direkt mit einem gleichberechtigten Partner zusammenarbeitet
❑ jemand, der allein arbeitet, entweder als Angestellter oder als Berater für ein Unternehmen oder als Einzelunternehmer

Tragen Sie eine kurze Zusammenfassung Ihrer Antwort auf dem Blütenblatt *Position und Gehalt* Ihres Blumendiagramms auf Seite 17 ein.

2. Die zweite Frage lautet: Welches Gehalt streben Sie an?

Hier sollten Sie sich sowohl Gedanken über das Minimum als auch über das Maximum machen. Das Minimum ist das Gehalt, mit dem Sie »gerade noch über die Runden kommen«. Das müssen Sie kennen, bevor Sie sich auf ein Vorstellungsgespräch einlassen *(oder bevor Sie Ihr eigenes Unternehmen gründen und wissen müssen, wie viel Profit Sie erwirtschaften müssen, um überleben zu können)*.

Als Maximum können Sie natürlich jegliche Fantasiezahl einsetzen. Nützlicher aber ist es, sich ein realistisches Höchstgehalt zu überlegen, und zwar auf der Basis Ihrer gegenwärtigen Kompetenz und Erfahrung bei einem tatsächlichen, aber großzügigen Arbeitgeber. (Ist diese maximale Zahl immer noch deprimierend niedrig, überlegen Sie sich, was Sie in fünf Jahren verdienen wollen, und notieren Sie diese Zahl als Richtwert.)

Erstellen Sie zwei verschiedene Versionen vom folgenden Kostenplan: einen mit dem Gehalt, das Sie sich idealerweise vorstellen, und eine andere mit einem minimalen Budget, was häufig mit einer niedrigeren Position einhergeht, die Sie eigentlich nicht wollen.

Machen Sie nun einen detaillierten Kostenplan, wobei Sie aufführen, was Sie monatlich mutmaßlich benötigen (Minimum) und was Sie haben wollen (Maximum), und zwar geordnet nach den folgenden Kategorien.*

---

* Wenn Finanzpläne dieser Art nicht Ihre Sache sind, dann suchen Sie sich entweder einen Kumpel, Freund oder ein Familienmitglied zur Unterstützung. Entsprechende Hilfen werden auch in Gemeindezentren, Volkshochschulen und Weiterbildungsinstitutionen angeboten. Auch im Netz können Sie Hilfe finden. Geben Sie in Ihre Suchmaschine den Begriff »Haushaltsbuch führen« ein, und schon stoßen Sie auf entsprechende Hilfeseiten. An dieser Stelle können wir Ihnen die Seite der Beratungsgruppe der Sparkassen-Finanzgruppe www.geldundhaushalt.de besonders an Herz legen.

	MIN ← → MAX	
Haus/Wohnung		
Miete, Hypotheken, Wohngeld	€	€
Nebenkosten (Strom, Gas, Wasser, Müllabfuhr)	€	€
Wasser, Abwasser	€	€
Telefon, Internet	€	€
Rücklagen für Instandhaltung und Reparaturen	€	€
Lebensmittel		
Supermarkt, Markt, Bäcker, Metzger etc.	€	€
Restaurantbesuche	€	€
Kleidung		
Kleidung und Schuhe (neu oder gebraucht)	€	€
Reinigung, Wäsche, Sonstiges	€	€
Fahrzeuge/Transport		
Anschaffungskosten, Leasingrate	€	€
Kraftstoff*	€	€
Reparaturen	€	€
Öffentliche Verkehrsmittel	€	€
Versicherungen*		
Auto	€	€
Krankenversicherung	€	€
Hausratversicherung	€	€
Haftpflichtversicherung	€	€
Lebensversicherung	€	€
Unfallversicherung	€	€
Rechtsschutzversicherung	€	€
Arztkosten		
Rezeptgebühren	€	€

---

* Ihre Kontoauszüge können über Ihre Kartenzahlungen sehr aufschlussreich sein. Bei Barzahlungen oder Zahlung mit Kreditkarte sind Sie vielleicht häufig unsicher. Sie können sich vielleicht nicht mehr daran erinnern, wie viel Sie im Supermarkt oder an der Tankstelle ausgegeben haben. Aber es gibt eine einfache Methode, um das nachzuhalten. Notieren Sie sich zwei Wochen lang Ihre Ausgaben auf Ihrem Smartphone oder Ihrem iPad (dafür gibt es bestimmte Apps) und halten Sie sämtliche Barausgaben und Ausgaben per Kreditkarte fest – und zwar sofort, auf der Stelle, gleich, nachdem Sie bezahlt haben. Nach Ablauf dieser beiden Wochen werden Sie anhand dieser Aufzeichnungen eine realistische Schätzung vornehmen können, welchen Betrag Sie in den fraglichen Kategorien eintragen sollen. (Multiplizieren Sie diese Zahl dann auch noch mit zwei, und schon haben Sie den Monatsbetrag.)

** Diese Kosten führen Sie nur quartalsweise oder halbjährlich ab. Teilen Sie Quartalskosten durch drei (und verfahren Sie bei anderen Intervallen entsprechend), um Ihre monatliche Belastung zu ermitteln.

Fitness-Kosten	€	€
Medikamente	€	€
Unterstützung weiterer Familienmitglieder		
Kosten für Kinderbetreuung	€	€
Unterhaltskosten	€	€
Finanzielle Unterstützung der Eltern	€	€
Spenden und Beiträge		
Spenden	€	€
Mitgliedsbeiträge	€	€
Kosten für Aus- und Weiterbildung		
Kosten für Schule und Universität *(wenn Sie Kinder haben)*	€	€
Kosten für berufliche Weiterbildung *(Ihre eigene)*	€	€
Haustiere		
Futter	€	€
Tierarzt	€	€
Rechnungen und Schulden *(meist monatlich zu entrichten)*		
Kreditkarten	€	€
Ratenzahlungen	€	€
Andere monatliche Verpflichtungen	€	€
Steuern		
Einkommensteuer*	€	€
KFZ-Steuer	€	€
Grundsteuer	€	€
Honorar des Steuerberaters	€	€
Ersparnisse	€	€
Altersvorsorge und Berufsunfähigkeit	€	€
Freizeit		
Kino, Theater, Videothek	€	€
Weitere Freizeitaktivitäten	€	€
Bücher, Zeitungen, Zeitschriften, Lektüre	€	€
Geschenke (Geburtstage, Weihnachten)	€	€
Urlaub	€	€
Gesamtbetrag	€	€

---

* Die Lohn- und Einkommensteuererklärung ist hierzulande am 31.05. eines jeden Jahres fällig. Kosten für die Jobsuche können Sie in der Regel absetzen. Dazu gehören Unterlagen, Telefonkosten, Briefpapier, Druckkosten, Portogebühren, Reisekosten usw. Verwahren Sie sämtliche Quittungen und führen Sie sorgfältig Buch. Bei Fragen wenden Sie sich an den Lohnsteuerhilfeverein oder an einen vertrauenswürdigen Steuerberater.

Multiplizieren Sie den Gesamtbetrag, den Sie monatlich benötigen, mit 12, um das angestrebte Jahreseinkommen zu ermitteln. Dividieren Sie diese Zahl durch 2 000, und Sie erhalten mutmaßlich Ihren Stundenlohn. Wenn Sie also 2 400 Euro netto monatlich benötigen, so beträgt der Netto-Jahreslohn 28 800 Euro, was einen Nettostundenlohn von ca. 14 Euro ausmacht. Um zu berechnen, wie viel Sie angesichts Ihres Budgets brutto verdienen müssen, können Sie auf den Brutto-Netto-Rechner http://www.brutto-netto-rechner.info/ zurückgreifen.

Tragen Sie nun Ihre Gehaltsspanne und etwaige Notizen zu diesem Thema, z. B. über die Position, die Sie gern bekleiden würden, um dieses Gehalt zu rechtfertigen, ebenso wie zusätzliche nicht finanzielle Vergünstigungen, die Sie gern hätten, in das Blütenblatt *Position und Gehalt* Ihres Blumendiagramms auf Seite 17 ein.

Freiwillige Übung

Vielleicht möchten Sie andere Boni und attraktive Nebeneffekte, auf die Sie bei Ihrem zukünftigen Job hoffen, noch näher umreißen. Diese könnten folgendermaßen aussehen:

- ❑ Abenteuer
- ❑ Herausforderung
- ❑ Respekt
- ❑ Einfluss
- ❑ Popularität
- ❑ Ruhm
- ❑ Macht
- ❑ Intellektuelle Anregung durch Kollegen und Mitarbeiter
- ❑ Die Möglichkeit, kreativ zu sein
- ❑ Die Möglichkeit, anderen zu helfen
- ❑ Die Chance auf eine Führungsposition
- ❑ Die Möglichkeit, Entscheidungen zu treffen
- ❑ Die Möglichkeit, das eigene Fachwissen zu nutzen
- ❑ Die Möglichkeit, anderen Menschen Gott näherzubringen
- ❑ Sonstiges

Wenn Sie die für Sie wichtigen Faktoren angekreuzt haben, ordnen Sie sie nach Priorität und schreiben Sie sie ebenfalls in Ihr Blütenblatt.

Und nun erneut zu einer weiteren Facette Ihrer Persönlichkeit.

Blütenblatt 6

Der Ort, an dem ich leben will

Mein bevorzugtes geografisches Umfeld

Wenn Sie eine Partnerübung daraus machen, fertigen Sie eine Fotokopie der folgenden Tabelle (Seite 78) an, damit beide Beteiligten mit einem eigenen, unausgefüllten Exemplar arbeiten können und diesen Anweisungen unabhängig voneinander folgen können. Natürlich können Sie die Tabelle auch handschriftlich auf ein großes Blatt Papier oder Fotokarton übertragen. Letzteren erhalten Sie in jedem Schreibwarengeschäft und in den Schreibwarenabteilungen der Supermärkte.

1. In *Spalte 1* notieren Sie beide sämtliche bisherigen Wohnorte.
2. In *Spalte 2* notieren Sie sämtliche Faktoren, die Ihnen an diesem Ort missfielen (und die Ihnen immer noch missfallen). Die Faktoren müssen nicht unbedingt genau den Orten aus *Spalte 1* entsprechen. Es handelt sich um eine eher unsystematische Auflistung.

   Wenn Sie sich dabei an gute Eigenschaften eines bestimmten Ortes erinnern, sollten Sie dies am Ende der nächsten Spalte, *Spalte 3*, notieren.

   Fahren Sie auf diese Weise fort, bis Sie sämtliche Faktoren aufgeführt haben, die Sie an jeglichem in *Spalte 1* genannten Ort verabscheuten oder hassten. Danach werfen Sie *Spalte 1* buchstäblich fort; verbannen Sie sie aus Ihren Gedanken. Es ging lediglich um die negativen Faktoren. *Spalte 1* hat ihre Funktion erfüllt.
3. Schauen Sie sich nun *Spalte 2* an, Ihre Liste der Negativfaktoren. In *Spalte 3* versuchen Sie nun, das Gegenteil (oder fast das Gegenteil) aufzulisten. Aus dem Punkt »dort schien nie die Sonne« könnte in *Spalte 3* »das ganze Jahr überwiegend sonnig« werden. Natürlich werden Sie nicht überall das genaue Gegenteil finden. Aus dem Negativfaktor »Dauer-

> **Mein Blütenblatt »Mein bevorzugtes geografisches Umfeld«**
>
> **Ziel beim Ausfüllen dieses Blütenblattes:** Sie wollen definieren, wo Sie am liebsten arbeiten und leben würden und am glücklichsten wären, wenn Sie die Wahl hätten. Oder Sie möchten einen Konflikt zwischen Ihnen und Ihrem Partner lösen, der sich darum dreht, wohin Sie im Ruhestand ziehen werden.
>
> **Wonach Sie suchen:** Sie wollen sich ein klareres Bild davon machen, was Sie sich vom Leben erhoffen. Und zwar jetzt oder später. Jetzt, wenn Sie tatsächlich umziehen können und eine kluge Entscheidung treffen wollen, wohin die Reise gehen soll. Später, wenn Sie momentan noch an einen bestimmten Ort gebunden sind, z. B. weil Sie in der Nähe Ihrer Kinder oder Ihrer gebrechlichen Eltern leben wollen. In diesem Fall richten sich Ihre Überlegungen auf die Zukunft, auf Ihren Ruhestand oder davor. Es ist wichtig, sich jetzt schon Gedanken über Ihre Zukunft zu machen, denn oft bietet sich eine Gelegenheit, wenn man am wenigsten damit rechnet. Die verpasst man, wenn man sich vorher nicht intensiv mit der Problematik auseinandergesetzt hat, sie erkennt und beim Schopfe packen kann.
>
> **Die Form Ihrer Eintragungen auf diesem Blütenblatt:** Sie können Ihre Eintragungen allgemein halten (Stadt, Vororte, ländliche Gegend, in den Bergen, am Meer, im Ausland); besser ist es aber, wenn Sie ganz genau angeben, zu welchem Ortswechsel Sie bereit sind. Dann nennen Sie konkrete Ortsnamen. Diese Übung wird Ihnen dabei einen Leitfaden an die Hand geben.
>
> **Beispiel für ein gutes Blütenblatt:** *Am liebsten in Hamburg; am zweitliebsten in Honolulu; am drittliebsten in New York City.*
>
> **Beispiel für ein schlechtes Blütenblatt:** *Am Meer, in einem Vorort, im Norden.* Warum schlecht? Zu ungenau. Diese Angaben sind auf lange Sicht keine Entscheidungshilfe. Außerdem fehlt die Priorisierung, wie sie in der guten Antwort vorgenommen wurde.

regen« lässt sich nicht unbedingt das positive Pendant »ständiger Sonnenschein« ableiten. Vielmehr bietet sich eine Aussage wie »mindestens 200 Tage im Jahr Sonnenschein« an. Und jetzt sind *Sie* an der Reihe! Fahren Sie mit der Übung fort, bis jeder Negativfaktor aus *Spalte 2* seinen positiven Gegenentwurf in *Spalte 3* gefunden hat. Am Ende sollten Sie sich auch auf die positiven Faktoren besinnen, die Sie während der Arbeit an *Spalte 2* hier notiert haben.

4. Notieren Sie nun in *Spalte 4* die positiven Faktoren aus *Spalte 3*, und zwar in der Reihenfolge der persönlichen Bedeutung, die sie für Sie haben. Wenn Sie eine neue Stadt suchen müssten, in der Sie glücklich wären und gedeihen könnten, wonach würden Sie zunächst Ausschau halten? Wäre Ihnen das gute Wetter wichtig? Oder eine niedrige Kriminalitätsrate? Oder gute Schulen? Oder ein gutes kulturelles Angebot in den Bereichen Musik, Kunst, Museen oder anderes? Oder wären Ihnen günstige Immobilienpreise wichtiger? Und so weiter und so fort. Bringen Sie sämtliche Faktoren in *Spalte 4* in Ihre persönliche Reihenfolge. Nutzen Sie dazu, wenn nötig, eine weitere Kopie der Entscheidungsmatrix auf Seite 81.

5. Sollten Sie diese Übung für sich allein machen, dann listen Sie die wichtigsten zehn Faktoren Ihrer persönlichen Reihenfolge nach auf einem Notizblatt auf und zeigen Sie dieses Blatt jedem, den Sie in den nächsten zehn Tagen treffen. Stellen Sie Ihrem Gegenüber dann folgende Frage: »Kennen Sie/kennst du Orte, auf die diese zehn Merkmale – oder zumindest die ersten fünf – zutreffen?« Notieren Sie sich sämtliche Vorschläge auf der Rückseite des Blattes. Nach Ablauf der zehn Tage nehmen Sie die jeweiligen Vorschläge unter die Lupe und umkreisen diejenigen drei Orte, die Ihnen am interessantesten erscheinen. Überschneiden sich Ihre Traummerkmale und die Vorschläge Ihrer Freunde und Bekannten nur teilweise, dann sorgen Sie dafür, dass *es sich zumindest um diejenigen Faktoren handelt, die Ihnen am wichtigsten sind*. Am Ende dieses Arbeitsschrittes haben Sie schon einige Orte, über die Sie sich näher informieren können, um mit letztendlicher Sicherheit dann zu entscheiden, wo konkret Sie am liebsten leben wollen. Durch dieses Verfahren können Sie anschließend auch die Orte herausfiltern, an denen Sie am zweit- und drittliebsten leben wollen – quasi als Back-up.

   Tragen Sie die drei Orte und/oder die fünf wichtigsten geografischen Faktoren in Ihr Blumendiagramm in das Blütenblatt *Mein bevorzugtes geografisches Umfeld* ein.

6. Bei einer Partnerübung benötigen Sie die *Spalte 5* nicht. Schauen Sie sich stattdessen nach Bearbeitung Ihrer *Spalte 4* auch die *Spalte 4* Ihres Partners an und übertragen Sie sie in *Spalte 6*. Ihre eigenen Präferenzen aus *Spalte 4* sind nummeriert (1, 2, 3, 4, etc.), während Sie die Liste Ihres Arbeitspartners mit Buchstaben versehen (a, b, c, d etc.).

7. In *Spalte 7* verbinden Sie nun *Spalte 4* mit *Spalte 6*. Ihr Partner und Sie können jetzt mit der gleichen Tabelle arbeiten. Kombinieren Sie die beiden Listen so, wie es in der Tabelle vorgegeben ist. Zuerst der wichtigste geografische Faktor Ihres Partners (»a«), dann Ihr wichtigster geografischer Faktor (»1«), dann der zweitwichtigste Ihres Partners (»b«), dann Ihrer (»2«), bis Sie 20 bevorzugte geografische Faktoren aufgelistet haben (*also Ihre und die Ihres Partners*), und zwar in der für Sie beide gültigen Reihenfolge.

8. Notieren Sie die zehn wichtigsten Faktoren Ihrer Rangfolge nach auf einem Notizblatt und zeigen Sie dies in den folgenden zehn Tagen allen Menschen, mit denen Sie zusammenkommen. Dann stellen Sie ihnen wiederum die Frage: »Kennen Sie/kennst du Orte, auf die diese zehn Merkmale – oder zumindest die ersten fünf – zutreffen?« Schreiben Sie die entsprechenden Vorschläge auf die Rückseite dieses Blattes. Nach Ablauf der zehn Tage sollten Sie und Ihr Partner sich die Vorschläge nochmals ansehen und diejenigen drei Orte umkreisen, die Ihnen beiden gleichermaßen interessant erscheinen. Wenn es nur teilweise Überschneidungen zwischen Ihren Traumfaktoren und den von Ihrem Bekanntenkreis vorgeschlagenen Orten gibt, dann konzentrieren Sie sich auf diejenigen Überschneidungen, die Ihnen beiden am wichtigsten sind und in Spalte 7 an erster Stelle stehen. Jetzt haben Sie ein paar Namen von Orten, über die Sie mehr herausfinden sollten, bis Sie sicher sind, welches der absolut beste Ort ist, an dem Sie beide leben wollen – und dann, quasi als Reserve, der zweitbeste, der drittbeste usw. Tragen Sie die Namen der drei bevorzugten Orte und/oder der fünf wichtigsten geografischen Faktoren in Ihr Blumendiagramm in das Blütenblatt *Mein bevorzugtes geografisches Umfeld* ein.

Anschließend kommen wir zu einer weiteren Facette Ihrer Persönlichkeit.

Meine regionalen Präferenzen
ENTSCHEIDUNGSFINDUNG FÜR SIE ALLEIN

Spalte 1	Spalte 2	Spalte 3
Orte, an denen ich gelebt habe	Negative Merkmale aus der Vergangenheit	Übertragung der negativen Merkmale in positive
		Faktoren, die ich an diesem Ort mochte und immer noch mag

Meine regionalen Präferenzen
ENTSCHEIDUNGSFINDUNG FÜR SIE ALLEIN

Spalte 4	Spalte 5
Reihenfolge der positiven Merkmale	Orte, auf die diese Kriterien zutreffen
1.	
2.	
3.	
4.	
5.	
6.	
7.	
8.	
9.	
10.	

Der Ort, an dem ich leben will

Meine regionalen Präferenzen
ENTSCHEIDUNGSFINDUNG FÜR SIE ALLEIN

Spalte 6	Spalte 7	Spalte 8
Reihenfolge ihrer/seiner Präferenzen	Kombination beider Listen (Spalten 4 und 6)	Orte, auf die diese Kriterien zutreffen
a.	a.	
	1.	
b.	b.	
	2.	
c.	c.	
	3.	
d.	d.	
	4.	
e.	e.	
	5.	
f.	f.	
	6.	
g.	g.	
	7.	
h.	h.	
	8.	
i.	i.	
	9.	
j.	j.	
	10	

ENTSCHEIDUNGSMATRIX FÜR 10 ODER WENIGER MERKMALE

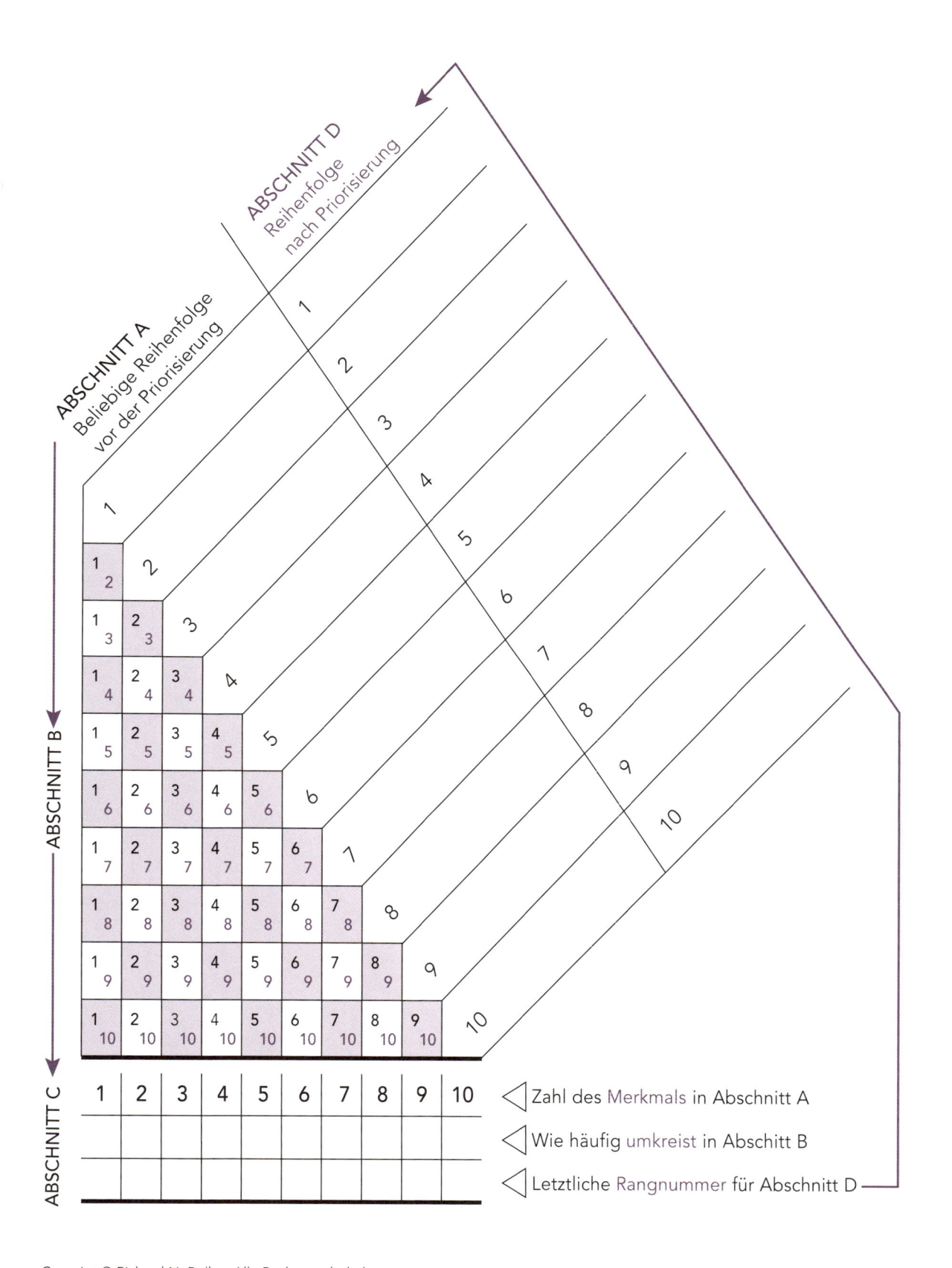

ABSCHNITT A – Beliebige Reihenfolge vor der Priorisierung

ABSCHNITT D – Reihenfolge nach Priorisierung

ABSCHNITT B

ABSCHNITT C

	1	2	3	4	5	6	7	8	9	10

◁ Zahl des Merkmals in Abschnitt A

◁ Wie häufig umkreist in Abschitt B

◁ Letztliche Rangnummer für Abschnitt D

Copyrigt © Richard N. Bolles. Alle Rechte vorbehalten

Der Ort, an dem ich leben will • 81

Blütenblatt 7

Das Ziel, das ich erreichen will

Mein Ziel, mein Lebenssinn, meine Mission

Ich zitiere an dieser Stelle den berühmten Ausspruch von John L. Holland: »Wir müssen die ganze Straße im Blick haben, nicht nur das, was die Scheinwerfer nachts beleuchten.« Diese Straße ist die Straße des Lebens. Entwerfen Sie eine Vision des Ergebnisses, des Ziels, das Sie mit Ihrem Leben verfolgen, und zwar nicht nur in Bezug auf die Gegenwart. Welche Spuren wollen Sie auf dieser Erde hinterlassen, nachdem Ihre Reise hier beendet ist? Wenn Sie das herausfinden, sind Sie auf dem besten Wege, Ihrem Leben Sinn zu geben und eine Mission zu formulieren.

Die neun Sinnbereiche

Im Allgemeinen kann man die Lebensmission in neun Bereiche unterteilen, die allesamt unserer menschlichen Natur entsprechen. Die Frage, die sich bei näherer Betrachtung stellt, lautet: Welches davon berührt Sie am meisten? Sie müssen also sehr scharf nachdenken (oje, schon wieder Arbeit!). Lesen Sie sich die folgenden Abschnitte also *langsam* durch. Nehmen Sie sich Zeit, um genau nachzudenken.

> ### Mein Blütenblatt »Mein Ziel, mein Lebenssinn, meine Mission«
>
> **Ziel beim Ausfüllen dieses Blütenblattes:** Sie wollen wissen, welche moralischen, ethischen und spirituellen Werte Ihrem Leben Richtung geben. Ein erfolgreiches Leben führt derjenige, der sich in den Dienst einer übergeordneten Mission oder eines guten Zwecks stellt.
>
> **Wonach Sie suchen:** Sie möchten den Sinn Ihres Lebens definieren. Das wiederum wird Ihnen mutmaßlich helfen, die richtigen Organisationen oder Unternehmen zu finden, für die Sie arbeiten wollen, nämlich diejenigen, die die gleiche Mission verfolgen wie Sie.
>
> **Die Form Ihrer Eintragungen auf diesem Blütenblatt:** Eine Beschreibung, welchen Bereich des Lebens Sie in Zukunft verbessern möchten, wobei Sie auf detaillierte Ausführung Wert legen.
>
> **Beispiel für ein gutes Blütenblatt:** *Mein Lebenssinn besteht darin, dazu beizutragen, dass es mehr Gerechtigkeit und Menschlichkeit in der Gesellschaft gibt.*
>
> **Beispiel für ein schlechtes Blütenblatt:** *Mehr Gerechtigkeit in der Welt.*
>
> **Warum schlecht?** Das ist ein bewundernswertes Ziel, aber es ist zu vage. Es gibt Ihnen keinen Leitfaden an die Hand, nach welcher Art von Tätigkeit Sie suchen sollten.

1. **Geist**. Die Frage lautet: *Sollen durch Ihr Wirken nach Ihrem Tode mehr Wissen, Wahrheit oder Klarheit in der Welt herrschen? Wenn ja, auf welchem Gebiet?* Wenn das Ihren inneren Antrieb beschreibt, dann suchen Sie den Sinn Ihres Lebens auf dem Gebiet des Geistes.

2. **Körper**: Die Frage lautet: *Wollen Sie durch Ihr Wirken zu mehr Fitness und Gesundheit in der Welt beitragen? Wenn ja, welches Thema fasziniert Sie dabei am meisten?* Wenn das Ihren inneren Antrieb beschreibt, dann suchen Sie den Sinn Ihres Lebens auf dem Gebiet des Körpers.

3. **Bereich der Ästhetik und der Sinne**: Die Frage lautet: *Soll durch Ihr Wirken nach Ihrem Tode mehr Schönheit in der Welt herrschen? Wenn ja, welche Art von Schönheit fasziniert Sie am meisten? Die Kunst, die Musik, Blumen, Fotografie, Malerei, Theater, Handwerk, Kleidung, Schmuck oder was sonst noch?* Wenn das Ihren inneren Antrieb beschreibt, dann suchen Sie den Sinn Ihres Lebens auf dem Gebiet der Ästhetik und der Sinne.

4. **Herz.** Die Frage lautet: *Sollen durch Ihr Wirken nach Ihrem Tode mehr Liebe und Mitgefühl in der Welt herrschen? Wenn ja, für wen? Oder für was?* Wenn das Ihren inneren Antrieb beschreibt, dann suchen Sie den Sinn Ihres Lebens auf dem Gebiet des Herzens.

5. **Der freie Wille oder das Gewissen.** Die Frage lautet: *Sollen durch Ihr Wirken nach Ihrem Tode mehr Moral, Recht, Gerechtigkeit, mehr Ehrlichkeit in der Welt herrschen? Wenn ja, auf welchen Gebieten des menschlichen Lebens oder der Geschichte im Besonderen möchten Sie wirken? Und in welcher geografischen Region?* Wenn das Ihren inneren

Antrieb beschreibt, dann suchen Sie den Sinn Ihres Lebens auf dem Gebiet des freien Willens oder des Gewissens.

6. Spiritualität. Die Frage lautet: *Soll durch Ihr Wirken nach Ihrem Tode mehr Spiritualität herrschen, mehr Glaube, mehr Mitgefühl, mehr Vergebung, mehr Liebe zu Gott und zur Menschheit in all ihrer Vielfalt? Wenn ja, mit welchen Altersgruppen und Lebensbereichen wollen Sie zusammenarbeiten?* Wenn das Ihren inneren Antrieb beschreibt, dann suchen Sie den Sinn Ihres Lebens auf dem Gebiet der Spiritualität.

7. Unterhaltung. Die Frage lautet: *Soll durch Ihr Wirken nach Ihrem Tode das Leben der Menschen leichter geworden sein? Wollen Sie den Menschen eine Perspektive geben und ihnen helfen, ihre Sorgen einen Augenblick lang zu vergessen? Wünschen Sie sich, dass die Welt von mehr Lachen und Freude erfüllt ist? Wenn ja, welche Art von Unterhaltung und Vergnügen interessiert Sie dabei am meisten?* Wenn das Ihren inneren Antrieb beschreibt, dann suchen Sie den Sinn Ihres Lebens auf dem Gebiet der Unterhaltung.

8. Besitz. Die Frage lautet: *Ist die falsche Liebe zu materiellen Gütern Ihnen ein besonderes Anliegen? Soll durch Ihr Wirken nach Ihrem Tode erreicht werden, dass wir unseren Besitz besser verwalten – als Individuen, als Gemeinschaft, als Nation? Möchten Sie, dass Einfachheit, Sparsamkeit und das Prinzip der Genügsamkeit sich durchsetzen? Wenn ja, in welchen Bereichen des Zusammenlebens insbesondere?* Wenn das Ihren inneren Antrieb beschreibt, dann suchen Sie den Sinn Ihres Lebens auf dem Gebiet der Besitztümer.

9. Die Erde. Die Frage lautet: *Ist unser Heimatplanet Ihr Hauptanliegen? Soll durch Ihr Wirken nach Ihrem Tod mehr zum Schutz unseres so zerbrechlichen Planeten bewirkt worden sein? Wollen Sie zur Erforschung der Welt oder des Universums beigetragen haben statt zu seiner Ausbeutung? Wollen Sie sich mit den Problemen der Erde und mit ihrer Energie befassen? Wenn ja, welche Probleme oder Herausforderungen beschäftigen Ihr Herz und Ihre Seele dabei besonders?* Wenn das Ihren inneren Antrieb beschreibt, dann suchen Sie den Sinn Ihres Lebens auf dem Gebiet der Erde.

Insgesamt sollten Sie sich vor Augen führen, dass all diese Aufgaben für sich genommen wertvoll und notwendig sind. Die Frage ist einfach nur: Welchem Themenbereich fühlen Sie sich am meisten verhaftet? Mit welchem Thema möchten Sie sich intensiver befassen, mit Ihrem Geist, Ihrer ganzen Energie, Ihren Fähigkeiten und Begabungen? Welchem Bereich möchten Sie Ihr Leben widmen?*

Wenn Sie fertig sind, tragen Sie zusammenfassend in das Blütenblatt *Mein Ziel, mein Lebenssinn, meine Mission* auf Seite 17 ein, was Sie für Ihren Lebenssinn halten.

P. S. Zwei Probleme gilt es, bei der Lösung dieser Aufgabe noch zu beachten. Erste denkbare Herausforderung: Trotz aller Bemühungen ist bei Ihren Überlegungen nichts herausgekommen. Das macht nichts. Behalten Sie Ihre Fragen einfach nur im Hinterkopf; irgendwann wird sich die Erkenntnis schon einstellen. Morgen, nächste Woche, nächsten Monat oder erst in einem Jahr. Entspannen Sie sich. Seien Sie geduldig mit sich selbst.

Zweite denkbare Herausforderung: Dieses Blütenblatt interessiert Sie gar nicht so sehr. Okay. Dann versuchen Sie eben nicht, Ihren Lebenssinn oder Ihre Mission hier zu erfassen,

---

* Wissen Sie, was in diesem Zusammenhang besonderen Spaß macht? Gehen Sie ins Internet und geben Sie Ihren persönlichen Themenbereich (z. B. Geist) in das Suchfeld Ihres Browsers ein. Vielleicht taucht auch dort ja ein Hinweis auf Dinge auf, die Sie interessieren.

Das Ziel, mein Lebenssinn, meine Mission • 85

sondern schreiben Sie stattdessen auf, was Sie über das *Leben* denken. Das bezeichnet man auch gern als »persönliche Lebensphilosophie«.

> Die persönliche Lebensphilosophie sollte nicht länger als zwei DIN-A 4-Seiten lang sein, einzeilig beschriftet. Sie darf aber auch kürzer sein. Sie sollte sich mit der Auswahl aus folgenden Elementen befassen, die Ihnen am wichtigsten sind: Wählen Sie sie aus. Sie müssen nicht über sämtliche Punkte schreiben. In den meisten Fällen benötigen Sie zu jedem Element, das Sie kommentieren, nur zwei oder drei Sätze:
>
> **Einzigartigkeit:** Was macht jeden von uns einzigartig?
> **Entscheidung:** Welches sind die Alternativen, und welche Bedeutung haben sie für mich?
> **Ereignisse:** Was lässt Dinge unserer Ansicht nach geschehen, wie erklären wir die Welt?
> **Feiern:** Wie feiern oder spielen wir gern?
> **Freier Wille:** Ist unser Leben vorbestimmt, oder verfügen wir über einen freien Willen?
> **Gemeinschaft:** Auf welche Weise gehören die Menschen unserer Ansicht nach zusammen? Inwieweit sind wir füreinander verantwortlich?
> **Glauben:** Was sind unsere stärksten Überzeugungen?
> **Glück:** Was sorgt für wahres menschliches Glück?
> **Helden und Heldinnen:** Wer sind unsere Helden und Heldinnen und warum?
> **Liebe:** Was denken wir über ihre Natur und ihre Bedeutung? Betrachten wir dabei auch verwandte Begriffe wie Mitleid, Vergebung, Gnade.
> **Menschlich:** Was ist wichtig am Menschsein? Was ist unsere Funktion?
> **Mitgefühl:** Warum halten wir es für wichtig und wie setzen wir es ein?
> **Moral:** Welche Themen sind von uns für Bedeutung? Womit haben wir zu kämpfen? Was helfen wir lösen?
>
> **Paradoxien:** Welche Einstellung haben wir gegenüber den Paradoxen in unserem Leben?
> **Schönheit:** Welche Art der Schönheit bewegt uns besonders? Welche Funktion hat Schönheit in der Welt?
> **Selbst:** Beschränkt sich unser Sein auf die Körperlichkeit? Was bedeutet es, dem Selbst zu vertrauen?
> **Sinn:** Warum sind wir auf der Welt? Worum geht es im Leben?
> **Spiritualität:** Welchen Stellenwert hat sie im menschlichen Leben? Wie sollten wir damit umgehen? Welche Vorstellung haben wir von dem, was unserer Ansicht nach das Universum zusammenhält?
> **Tod:** Was denken wir darüber und was glauben wir, geschieht hinterher?
> **Verantwortung:** Inwiefern müssen wir Verantwortumg übernehmen im Leben?
> **Verhalten:** Wie sollten wir uns in dieser Welt verhalten?
> **Verwirrung:** Wie leben wir damit und wie gehen wir damit um?
> **Wahrheit:** Was denken wir darüber, welche Wahrheiten sind uns besonders wichtig?
> **Werte:** Was denken wir über uns selbst? Was denken wir über die Welt? Was bedeutet uns davon am meisten?
> **Wirklichkeit:** Wie schätzen wir Wirklichkeit ein? Woraus besteht sie?

Wenn Sie mit Schreiben fertig sind, fassen Sie Ihre Erkenntnisse zusammen und tragen Sie dies auf das Blütenblatt *Mein Ziel, mein Lebenssinn, meine Mission* im Blütendiagramm auf Seite 17 ein.

Beispiel
(Rich Fellers Blumendiagramm)

Die wichtigsten Werte
1. Verbesserung der menschlichen Lebensbedingungen · 2. Förderung wechselseitiger Beziehungen und modernster Prinzipien · 3. Die produktive Nutzung menschlicher und materieller Ressourcen zu steigern. · 4. Den Menschen beibringen, sich selbst Ziele zu setzen und selbstverantwortlich zu handeln. · 5. Menschen von selbstzerstörerischen Kontrollmechanismen befreien (wie reglementierende Gedanken, Regeln, Grenzen) · 6. Positive kapitalistische Prinzipien fördern · 7. Ausbeutung reduzieren · 8. Politisches Engagement fördern · 9. Die Menschen anerkennen, die zum Wohle der Allgemeinheit beitragen. · 10. Ideen weitergeben

Bevorzugtes menschliches Umfeld
1. Starke soziale Fähigkeiten, gute soziale Wahrnehmung · 2. Emotional und physisch gesund · 3. Enthusiastischer Einbezug anderer Menschen · 4. Heterogenes Umfeld in Bezug auf Interessen und Fähigkeiten · 5. Menschen, die soziale Veränderungen und Innovationen vorantreiben · 6. Politisch und ökonomisch gebildet und klug · 7. Selbstbewusst genug für Offenheit, Zulassen von Tränen und Albernheit · 8. Sensibel für nonkonforme Themen · 9. I und R (siehe Party-Übung) · 10. Nicht materialistisch

Bevorzugte Fähigkeiten
1. Gute Beobachtungsgabe/gute Lernfähigkeit, suche stets neue Erfahrungen, identifiziere und schätze das Potenzial anderer ein · 2. Führungsqualitäten, suche ständig nach neuen Verantwortungsbereichen, gutes Problembewusstsein, ergreife die Initiative zu deren Lösung · 3. Unterrichten/deuten/anleiten, betrachte Lernen als lebenslangen Prozess, schaffe eine Atmosphäre der Akzeptanz · 4. Dienen/helfen/menschliche Beziehungen fördern, schaffe eine besonders gute Arbeitsatmosphäre, geschickter Umgang mit der Öffentlichkeit · 5. Detailfreude/Durchhaltevermögen, beherrsche eine große Bandbreite von Aufgaben, weiß Ressourcen zu nutzen · 6. Kann Menschen beeinflussen/überzeugen, gute Fähigkeiten im Hinblick auf Personalbeschaffung/Führungsqualitäten, inspiriere Vertrauen · 7. Leistungsbereitschaft, kann vor einer Gruppe sprechen (wenn ich die Kontrolle habe), geschickter Umgang mit großen und kleinen Gruppen · 8. Intuitive und innovative Fähigkeiten, ständige Weiterentwicklung/kreative neue Ideen · 9. Entwickeln/planen/organisieren/durchführen, Projekte planen und durchführen, die Fähigkeiten anderer nutzbar machen · 10. Sprache/lesen/schreiben, effektiv kommunizieren, kann schnell reagieren

Hauptinteressen
1. Planung größerer Konferenzen · 2. Regionale Geografie und Kultur · 3. Reisen für 20 $ am Tag · 4. Seminare zur Karriereplanung · 5. Beratungstechniken und -theorien · 6. Amerikanische Politik · 7. Grundlagen des Sports · 8. Kampf gegen Sexismus · 9. NASCAR Autorennen · 10. Innenarchitektur

Geografie
1. In der Nähe einer größeren Stadt · 2. Milde Winter/wenig Feuchtigkeit · 3. Spürbarer Wechsel der Jahreszeiten · 4. Saubere Luft und grüne Umgebung · 5. 100 000 Einwohner · 6. Attraktive Einkaufsmöglichkeiten · 7. Gutes sportliches Angebot · 8. Breite ökonomische Basis · 9. Vielfältige lokale Kultur · 10. Gemeinschaftssinn

Bevorzugte Arbeitsbedingungen
1. Klinische Supervision erhalten · 2. Mentorensystem · 3. Hervorragendes Sekretariat · 4. Teil einer größeren, in hohem Maße respektierten Organisation mit klarer Richtungsvorgabe sein · 5. In der Nähe von Gourmet- sowie Bioläden arbeiten · 6. Heterogenes kollegiales Umfeld (hinsichtlich der ethnischen Zugehörigkeit, des Geschlechtes, des Alters) · 7. Flexible Kleiderordnung · 8. Bonussystem · 9. Arbeitsplatz sollte mit dem Fahrrad, dem Bus oder zu Fuß erreichbar sein. · 10. Einzelbüro mit Fenster

Gehalt und Position
1. Ich kann einen Teilzeitvertrag akzeptieren · 2. Ich kann eigene Projekte initiieren. · 3. Beträchtliche Entscheidungsgewalt innerhalb des Unternehmens, ohne administrative Aufgaben übernehmen zu müssen. · 4. Kann Kollegen selbst auswählen · 5. 3–5 Assistenten · 6. Gehalt zwischen 30 000 und 40 000 Euro · 7. An verschiedenen wichtigen Ausschüssen mitarbeiten · 8. Ich kann berufliche und Budget-Entscheidungen und Aufgaben aufschieben · 9. Vor großen Gruppen reden · 10. Ich kann mich für leitende Positionen bewerben

Das Ziel, mein Lebenssinn, meine Mission

Meine Leser haben mich um ein Beispiel für »Das Blumendiagramm« gebeten. Rich W. Feller – einer meiner Schüler im Jahre 1982, der heute ein weltbekannter Professor und Experte auf dem Gebiet der Karriereplanung in den Staaten ist – füllte mein Blumendiagramm aus wie hier beschrieben. Er sagte, dass das Blumendiagramm ihm ein lebenslanger Begleiter war und ihn bei seiner Berufsplanung anleitete. (Damals waren die Blütenblätter noch etwas anders.)

> *Rich Feller, ein* kürzlich erst emeritierter *namhafter Wissenschaftler und Professor an der Colorado State University, dessen persönliches Blumendiagramm wir hier abgedruckt haben,* setzte sein persönliches »Bild« vor etwa 30 Jahren das erste Mal zusammen. Hier finden Sie seine Kommentare über den Nutzen, den die Blumen*übung für ihn seither hatte und wie* sie ihm half, wie er sie seitdem nutzte und wie das Diagramm sich wandelte.
>
> ### Was die Blumenübung für mich bedeutete
>
> Während meines akademischen Lebens habe ich von der Blumenübung am meisten profitiert. Sie gab mir Hoffnung, eine Richtung und den Schlüssel zu einem zufriedenen Dasein. Ich nutze das Diagramm, um die Richtung, die mein Leben nimmt, einzuschätzen, und zwar insbesondere in Krisen, bei beruflichen Veränderungen und bei extrem Aufgaben, sogenannten *stretch assignments*.* Es half mir, meine persönlichen Verpflichtungen zu definieren und mich daran zu halten. Auf vielerlei Ebene war es meine Richtschnur, an der ich mich orientierte. Die Angaben in meiner Blume wurden und blieben der Kern eines jeglichen Erfolges und jeglicher Zufriedenheit.
>
> Nachdem ich damals, im Jahre 1982, bei Dick Bolles im Rahmen eines zweiwöchigen Workshops meine eigene Blumenübung ausgefüllt hatte, beschloss ich, sie auch anderen nahezubringen. Durch meine akademische Tätigkeit hatte ich dazu jede Menge Gelegenheit. Mittlerweile habe ich das Konzept Tausenden von Beratern, Karrierespezialisten und HR-Mitarbeitern nahegebracht. Und ich nutze es auch heute immer noch, und zwar nicht nur bei meinen Klienten, sondern auch bei mir selbst – zur Planung meines Ruhestands.
>
> Ich finde es höchst erstaunlich, wie wenig sich in meiner Blume im Laufe der Jahre verändert hat. Sie fasst das Beste in mir zusammen. Die Blütenblätter sind mein Kompass, und der Einsatz meiner »bevorzugten Fähigkeiten« sorgt für einen fröhlichen und genussvollen Tag. Ich vertraue den Erkenntnissen des Blumendiagramms. Seit 1982 hat es mir im Beruf und im Leben gleichermaßen Orientierung gegeben und dazu beigetragen, dass meine Frau und ich auch die Hoffnungen, die wir für unseren Sohn haben, definieren konnten.
>
> Die Blumenübung auszufüllen und auf der Basis der dort gewonnenen Erkenntnisse zu handeln hat mir eine Menge beigebracht. Insbesondere eines habe ich gelernt: **Es ist wichtig, zehn Dingen zu folgen, die häufig im Gegensatz zu den vorher gewonnenen Erkenntnissen aus meiner wissenschaftlichen Arbeit standen.**

---

* Bei dieser Art von Aufgabe für Führungskräfte werden die Teilnehmer stark herausgefordert, manchmal sogar gezielt überfordert. Auf diese Weise hofft man, ihnen eine realistische Selbsteinschätzung im Hinblick auf ihr Leistungsvermögen und ihr Potenzial zu vermitteln. [Anm. d. Übers.]

Durch die Blumenübung lernte ich, wie wichtig es ist:

1. Leidenschaften zu verfolgen, Stärken Beachtung zu schenken und die eigenen Fähigkeiten zu identifizieren und zu respektieren
2. Die Definitionen der Gesellschaft von Balance und Erfolg zu hinterfragen
3. Sich für eine Sache zu engagieren, die größer ist als man selbst
4. Authentisch und mit Freude zu leben
5. Gut in dem zu sein, was einem selbst wichtig ist, und Gelegenheiten zu nutzen
6. Vergnügen zu finden in allem, was man tut
7. Sich auf Wohlbefinden und Zufriedenheit zu konzentrieren
8. Persönliche Klarheit zu schaffen und Verantwortung zu übernehmen für die möglichen »Varianten des Selbst«
9. Der Welt zu verstehen zu geben – bescheiden, aber dennoch klar –, was man will
10. Menschen »coachen« in einer Welt des Überflusses, in der sich jeder einzelne nach individueller Bedeutung und Sinn sehnt, mehr als nach Besitz, der unterwürfigen Befolgung gesellschaftlicher Erwartungen oder einfach danach, dazuzugehören

Unser auf modernster Technologie basierendes, globalisiertes Arbeitsumfeld des 21. Jahrhunderts stellt unsere bisherigen Rollenmodelle und -vorstellungen auf den Kopf. Wenn wir weiterhin eine Wahl haben wollen, ist es geradezu lebenswichtig, uns mehr denn je um Klarheit zu bemühen. Wir müssen flexibel reagieren lernen und erkennen, wo unser Entwicklungspotenzial schlummert. Deshalb habe ich meinem Blumendiagramm die folgenden vier Schwerpunkte hinzugefügt: Haben, tun, lernen und geben. Das bedeutet, ich versuche eine aktuelle Liste zu führen (die ich ständig auf den neuesten Stand bringe) von zehn Dingen, die ich:

1. haben
2. tun
3. lernen
4. geben

will.

    Dadurch, dass ich diese vier Fragen ständig aufs Neue beantworte, kann ich mein Wachstum und meine Entwicklung messen.

    Ich bin so froh darüber, dass ich den Menschen mitteilen kann, wie viel ich durch die Weisheit und Hoffnung aus meiner Blume gewonnen habe.

    Bei Interesse können Sie meinen Lebenslauf, meine persönlichen Lebensumstände etc. auf meiner Website unter www.mycahs.colostate.edu/Rich.Feller nachlesen. Ich würde mich sehr geehrt fühlen, wenn Sie meinen persönlichen Werdegang hier nachvollziehen würden und andere ermutigen würden, ihr Leben auf ähnliche Weise zu gestalten. Wahrscheinlich werden Sie feststellen, dass etwa 90 Prozent der Bestandteile unserer Blume unsere täglichen Erfahrungen beeinflussen.

Rich Feller
Professor für Karriereberatung und -entwicklung
University Distinguished Teaching Scholar
Colorado State University
Fort Collins, CO

Okay, jetzt ist Ihre Blume also vollständig ausgefüllt. Sie haben ein Bild Ihrer Persönlichkeit in all ihrer Pracht entworfen. Und ein Bild von dem Traumjob, nach dem Sie jetzt suchen können.

Egoismus versus Selbstachtung

Ein gutes Selbstwertgefühl zu besitzen ist eine Kunst. Die Kunst der richtigen *Balance*. Und zwar der Balance zwischen zu seltenem und zu häufigem Nachdenken über sich selbst.

Wer zu häufig über sich nachdenkt, leidet unter *Egoismus* oder Ichbezogenheit. Damit hatten wir alle es an irgendeinem Punkt in unserem Leben schon einmal zu tun, sodass wir dieses Phänomen durchaus kennen.

Man hat uns beigebracht, so eine Ichbezogenheit zu meiden. Auch Mythen warnen uns davor; sogleich kommt uns die Geschichte von Narziss in den Sinn. Um Egoismus zu vermeiden, übertreiben es viele in die andere Richtung. Wir sprechen uns jede Tugend, jede hervorragende Eigenschaft oder Begabung ab, damit wir nicht für Angeber gehalten werden. Und so geraten wir in die dem Egoismus gegenüberliegende Falle der *Undankbarkeit*. Wir sind nicht dankbar für die Gaben, die das Leben uns mit auf den Weg gegeben hat.

Wie können wir die richtige Einstellung gegenüber dem entwickeln, was uns an Begabungen und Fähigkeiten mitgegeben wurde – und aufrichtig, bescheiden und dankbar davon sprechen, ohne egoistisch zu klingen? Nur so: *Je klarer Sie Ihre eigenen Begabungen erkennen, umso stärker müssen Sie Ihr Augenmerk auf die Gaben legen, die andere haben.* Je sensibler Sie dafür werden, wie ungewöhnlich Sie sind, umso sensibler müssen Sie dafür werden, wie ungewöhnlich auch die Menschen in Ihrer Umgebung sind. Je mehr Sie auf sich selbst achten, umso mehr müssen Sie auf andere achten. Je häufiger Sie über das Geheimnis Ihres Selbst nachdenken, umso intensiver müssen Sie über das Geheimnis Ihrer Mitmenschen nachdenken, jedes Angehörigen, jedes Freundes, jedes Bekannten, jedes Fremden.

Ich wiederhole noch einmal: Ein gutes Selbstwertgefühl zu haben ist eine Kunst. Die Kunst der Balance zwischen zu seltenem und zu häufigem Nachdenken über sich selbst. Aber wir können nur dann zu viel über uns nachdenken, wenn wir andere aus dem Blick verlieren. Betrachten Sie sich also selbst, aber betrachten Sie gleichermaßen auch die anderen – und staunen Sie. Dann werden Sie sich den anderen nicht überlegen fühlen, und zwar nicht, weil Sie sich selbst kleinmachen, sondern weil Sie Ihr Gegenüber wertschätzen. Es ist keine Sünde, sich der eigenen Gaben stärker bewusst zu sein, solange man die Gaben seiner Mitmenschen ebenfalls bewusst würdigt. Die Welt ist voller begabter Menschen, und Sie sind einer davon. Aber Sie sind nicht der einzige.

Fertig!

Bei näherer Betrachtung Ihrer Blume werden Sie eine der beiden folgenden Reaktionen bei sich feststellen:

Ihnen geht ein Licht auf

Einige von Ihnen haben vielleicht ein großes Aha-Erlebnis. Ihnen geht ein Licht auf, direkt über Ihrem Kopf, und Sie rufen aus: »Oh mein Gott, ich sehe eindeutig, welchen Berufsweg mir das aufzeigt.« Das geschieht gern bei intuitiv veranlagten Menschen.

Wenn Sie ein solcher intuitiver Mensch sind, sage ich: »Gut für Sie!« Nur zwei leise Warnungen möchte ich an dieser Stelle noch aussprechen: Schließen Sie nicht voreilig *andere* Möglichkeiten aus.

Und vermeiden Sie die Schlussfolgerung: »Nun, ich sehe, wonach ich mich beruflich verzehre, aber ich weiß, dass es auf der ganzen Welt keinen Job wie diesen gibt, den ausgerechnet *ich* bekommen könnte.« Lieber Freund, liebe Freundin, Sie wissen nichts dergleichen. Sie haben ja noch gar nicht recherchiert. Natürlich ist es immer noch denkbar, dass Sie nach Abschluss Ihrer Recherche nicht hundertprozentig *alles* finden werden, was Sie sich wünschen – bis in die letzte Einzelheit. Aber Sie wären überrascht, wie viel von Ihrem Traumjob Sie tatsächlich realisieren können.

Die andere Möglichkeit: Ihnen geht kein Licht auf

Natürlich wird es vielen Lesern auch so ergehen, dass sie ihr Blumendiagramm ausgefüllt haben und immer noch keine Ahnung haben, welcher berufliche Weg sich ihnen dadurch eröffnet. Also brauchen wir einen »Plan B«.

Zunächst notieren Sie auf einem Blatt Papier Ihre besten fünf Fähigkeiten und Ihre ersten vier besonderen Erkenntnisse aus der Blume. Dann bitten Sie mindestens fünf Freunde, Familienmitglieder oder Experten, zu überlegen, welche Berufsbezeichnungen oder Tätigkeitsfelder ihnen in den Sinn kommen. Anschließend knüpfen Sie Kontakte zu Menschen, die in diesem Berufsfeld tätig sind, und führen mit ihnen informelle Informationsgespräche. Dabei unterhalten Sie sich mit Personen, die bereits die Arbeit verrichten, die Ihnen mutmaßlich Spaß machen würde. Warum? Nun, Sie *testen dadurch verschiedene Jobs*, um zu sehen, ob sie Ihnen passen.

Sobald Sie Unternehmen gefunden haben, für die Sie gern arbeiten würden, sollten Sie sich im Vorfeld über sie informieren, bevor Sie ein informelles Gespräch anstreben.

Und denken Sie an einen Dankesbrief für jeden Einzelnen, der Ihnen auf dem Weg zum Job geholfen hat.

Sie brauchen noch mehr Hilfe?

Mithilfe der Blumenübung sind Sie auf dem besten Wege, Ihren Traumjob zu finden. Mehr Informationen zum Thema Jobsuche finden Sie in meinem Hauptwerk *Durchstarten zum Traumjob. Das ultimative Handbuch für Ein-, Um- und Aufsteiger.*

Lassen Sie Ihre Blume jetzt nicht einfach links liegen. Seien Sie beharrlich, gründlich und geben Sie nicht auf, nur weil Ihre Blume Ihnen nicht sofort den nächsten Schritt aufzeigt. Zeigen Sie Ihre Blume immer wieder anderen Leuten und hören Sie sich an, welche Vorschläge sie Ihnen machen können. Immerhin arbeiten Sie an Ihrem eigenen Leben, an Ihrem *Leben*! Sorgen Sie dafür, dass es einfach fantastisch wird.

Richard Nelson Bolles,
Carol Christen, Jean M. Blomquist
Was ist dein Ding?
Einfach deinen Traumjob finden –
Durchstarten zum Traumjob
für Teenager

2013. 260 Seiten

Schule fertig – und dann?

Den richtigen Job zu finden ist nicht einfach – dabei ist die Weichenstellung für das spätere Leben besonders wichtig! Und je genauer man weiß, was man möchte, desto eher findet man es! Richard N. Bolles hat mit seinem einzigartigen System der Berufsfindung bereits Millionen von Menschen geholfen. Damit können Jugendliche herausfinden, was sie wirklich tun möchten und wie sie den entsprechenden Job bekommen.
Ein einfühlsamer, humorvoller und sympathischer Ratgeber, der die Ängste und Nöte der Jugendlichen versteht und ernst nimmt.

campus.de

campus

Frankfurt. New York

Christian Püttjer,
Uwe Schnierda
**Das große
Bewerbungshandbuch**

9., aktualisierte Auflage. 2014
587 Seiten

Rundum informiert für den Bewerbungserfolg

Dieses umfassende Handbuch bietet alle Erfolgstipps der Bewerbungsexperten Püttjer & Schnierda in einem Band: Vorbereitung der Bewerbung, Anschreiben, Lebenslauf, Leistungsbilanz, Foto, Online- und Initiativbewerbung, Vorstellungsgespräch, Assessment-Center, Gehaltsverhandlung, Probezeit, Arbeitszeugnisse. Mit Extrateil zum Thema Einstellungstests.

campus.de

campus
Frankfurt. New York